민낯을 사랑하는 일

나의 눈에 비친 세상의 단면

첫 산문집 『뒤에 서는 기쁨』(좋은생각) 이후, 두번째 산문집을 냅니다.

2008년부터 지난해까지 행운이 있었지요. 생활정보지 《교차로》 '아름다운 사회 칼럼' 에 1주일에 한 편씩 16년간 글을 쓰는 행운이었지요. 정당하게 쓰고 정당하게 원고료를 받았습니다. 하지만 받은 원고료를 세상에 돌려주어야 할 것 같은 양심이 있어 발표한 글의 일부를 가려 묶네요.

그리고 틈틈이 쓴 다른 글도 한데 묶어 제 1장에 모아 보았습니다.

오랫동안 칼럼을 쓰느라 나 자신과 세상일에 꽤 많이 집적거렸습니다. 얼굴에 난 뾰루지에서부터 아프리카 어느 대통령의 죽음까지.

그러느라 아주 작은 것과 작은 일에도 한참 들여다 볼 줄 아는 눈과 마음을 갖게 되었습니다. 이 시기의 내 인생은 좀 세심하고 꼼꼼했을 것 같아요. 보고 싶은 것만이 아닌 이것저것 두루 바라보며 살았을 것 같아요.

30여 년간 국어교사로 교직에 있었고, 40여 년간 아동문학을 해 왔습니다.

그러니까 이 산문집 『민낯으로 사는 일』은 그런 나의 눈에 비친 세상의 단면이라 여겨도 크게 틀리지 않겠습니다. 내 인생에서 또다시 산문집을 내게 될까, 하는 심정으로 이 머리글을 씁니다.

2025년 가을 권영상

차례

머리글

1장 꿈을 안겨주고 간 경섭이 아저씨

2장 민낯을 사랑하는 일

3장 아름다운 유산

4장 행복한 몰입

5장 존재하는 것으로도

6장 인생. 그 아름다운 여정

1장 꿈을 안겨주고 간 경섭이 아저씨

꿈을 안겨주고 간 경섭이 아저씨

오, 어쩌면 이리도 모든 것이
멀리 흘러가 버렸을까.
지금 반짝이고 있는 저 별도
이미 4년 전에 죽어 버린 것이라고
나는 믿는다.
강을 따라가는 보트에서
근심스런 무슨 이야기가
들리는 듯 하다.
집에서
시계 치는 소리가 울린다.
어느 집일까.
이 비좁은 나의 마을에서 뛰쳐나와
넓은 하늘 아래로 나가고 싶다.
그리고 기도 드리고 싶다.

구인이와 나는 거기까지 읽었다. 무슨 뜻인지 도무지 알
수 없었다. 그러나 그날따라 그 글은 무언지도 모르게 우
리의 마음으로 다가왔다. 마당 안으로 밀려온 안개가 라
일락 나무를 감싸듯 그 글은 우리들의 마음을 흡싸 안았

다. 구언이는 구언이 대로 나는 나대로 그 글을 외기 시
작했다.

이 글은 내 아홉 번째 동화집 『개미꼬비』(문원출판사)에
수록된 단편 동화 중의 '남종이 아저씨네 포도밭' 일부이
다.
이 글 속의 남종이 아저씨는 실제로 우리 '아랫마을'에
와 살다 간 인물이다. 그분의 이름은 경섭 씨다. 나는 그
분을 '경섭이 아저씨'라 불렀다. 우리 아랫마을은 촌수로
쳐서 형이 아닌 분은 3촌 5촌 7촌은 물론 그 외의 남자들
도 두루 '아저씨'라 불렀다.
그런 관계로 미혼이던 경섭 씨마저도 우리에겐 경섭이
아저씨였다.
그는 키가 컸고, 살집이 알맞았다. 얼굴색이 붉었고, 이
목구비가 분명했으며 쌍꺼풀 눈을 가진 호남형이었다.
우리 아랫마을 사람들 몸에서 구릿한 흙냄새가 난다면
그의 몸에서는 어디서도 맡아보지 못한 이국의 냄새가
났다. 우리 아랫마을 사람들이 구닥다리 외모라면 그는
모던한 스타일이었다.
그는 붉은 벽돌집을 짓기 전까지 자전거를 타고 읍내에
서 오르내렸다.
그분이 우리 아랫마을에 나타난 게 1972년 무렵이지 싶
다.

17

그때 그분의 나이는 대략 30대 중반이었고, 내 나이는 17살. 중학교를 간신히 졸업하고, 고교 진학을 포기한 채 3년을 허송세월하고 있을 때였다.

우리 아랫마을 뒤뜰엔 댓골집 너른 밭이 있었다. 댓골집은 초당에서도 첫째가는 부자였다. 오늘날 허균의 생가로 알려진 고가가 바로 그 댓골집이다. 그 집 젊은 주인은 어쩌자고 운수업에 매달리다 그만 재산을 송두리째 날렸다.

그때 우리 아랫마을에도 그 댁의 너른 땅이 있었는데, 경섭이 아저씨가 그 땅을 사서 우리 마을로 내려왔다. '내 친구 돈만이' 집이 그 밭의 일부였는데 돈만이네도 아버지를 잃고나자 마을을 떠났다.

경섭이 아저씨는 떠나간 돈만이네 집을 헐고 그 위에 붉은 벽돌집을 지었다.

벽돌집이 지어지자, 이번에는 경섭이 아저씨가 작은 트럭과 함께 나타났다.

그 트럭 안에는 포도나무 묘목이 실려 있었다. 나는 지금도 그 포도 묘목 이름을 또렷이 기억한다. 골든 델리셔스와 엘리자베스 퀸이다.

그분의 요청으로 나는 그분과 함께 그의 너른 밭에 포도 묘목을 심었다. 열일곱 나이에 학교에 못 가고 멀쩡한 날에 그분을 도울 수 있었던 건 순전히 어머니의 병환 때문이었다.

어머니는 내가 중학교 2학년 봄부터 읍내 병원에 입원하셨다. 그 후로 거의 15, 6년을 입원과 퇴원을 반복하셨는데 그 여파가 내게 닥쳐왔다. 나는 그만 고등학교 진학을 포기한 채 아버지의 농사일을 도왔다.

말이 좋아 농사일을 도왔지 실은 술이나 먹고 담배나 피우며 세상에 대해 불평불만을 터뜨리며 가끔가끔 아버지 일을 도운 게 전부다.

그 무렵, 나는 경포대해수욕장에서 사귄 넝마주이 친구에 빠졌고, 그와 거의 매양 술이나 마시며 퇴폐적으로 살았다. 그러다가 넝마주이 친구의 자살로 나마저 외톨이가 되어 살아갈 때였다. 그렇게 3년을 어영부영 슬피 살때였다.

나는 그런 좌절의 고비에서 경섭이 아저씨를 만났다. 그분은 내게 색다른 분이었다. 그는 말법이 매우 민주적이었고, 그가 하는 말은 논리적이었다. 그의 목소리는 높지 않았고 언제나 조용조용했으며, 어린 나의 마음을 헤아려 줄 줄 알았다. 무엇보다 그는 나의 삶을 이해하려 하였다.

그것은 분명 보수적인 우리 아랫마을 사람들과는 달랐다.

"삽질 하나도 생각하며 하는구나."

경섭이 아저씨는 묘목 구덩이를 파는 나를 보면 그런 말을 즐겨 했다.

이 정도 삽질이라면 젖먹이들도 한다. 그런데도 그는 일이 끝나면 내게 이런 식의 말을 꼭 한마디씩 해주었다.

"말하지 않아도 알아서 잘하는구나."

거름을 주는 걸 보면 그때에도 놓치지 않고 칭찬했다.

그는 그 넓은 밭일을 할 때도 남에게 일을 시키고 저는 놀지 않았다. 언제나 함께 일했다. 그는 모던한 외모와 달리 매우 성실했으며 겸손했다.

우리가 손에 거름을 묻히면 그도 손에 거름을 묻혔고, 쉬면 곁에 앉아 함께 쉬었다.

그렇게 포도 묘목도 다 심고 난 어느 늦은 가을이었다.

그는 잘 지어놓은 붉은 벽돌집 앞 라일락 나무 아래로 나를 불렀다.

"일하는 걸 쭉 지켜봤는데 정말 잘하는구나."

그는 다가간 내게 그 말을 했다.

"그렇게 다시 공부를 시작하렴."

그러며 그 새로 지은 붉은 벽돌집 열쇠를 내게 내밀었다.

"석 달 치 연탄을 넣어놓았다. 우리 집에서 고입 시험공부를 해라."

그러고는 가타부타 말도 없이 자전거를 타고 시내로 가버렸다.

그분의 붉은 벽돌집은 그 무렵 우리 아랫마을 집들로 치면 현대식 건물이었다.

넓은 거실과 방 두 개와 부엌과 샤워를 할 수 있는 공간이 있었다. 나는 가끔 그 집을 들락이며 이런 집을 갖고 싶다는 생각을 했었다.

그는 내게 그 집을 맡기신 거였다.

우리 농가와 전혀 다른 붉은 벽돌집은 그날부터 열일곱 살 내 차지가 되었다.

그분의 방엔 크고 넓은 책상이 있었고, 책꽂이엔 그분이 읽고 있음직한 영어로 쓰여진 책들과 시집과 몇 권의 소설, 원예와 건축, 그리고 경제학에 관한 책들이 있었다.

시계 치는 소리가 울린다.

어느 집일까.

이 비좁은 나의 마을에서 뛰쳐나와

넓은 하늘 아래로 나가고 싶다.

이 시도 그때 그분의 책꽂이에 꽂힌 책 중에서 왼 시다.

라이너마리아 릴케의 '비애'.

나는 그 무렵 이 시를 외면서 이 비좁은 '아랫마을'을 벗어나야겠다는 생각을 생전 처음으로 했다. 그리고 17살의 눈 내리던 밤, 처음으로 지구의 반대편에 산다는 릴케라는 시인을 알면서 쿵쿵 뛰는 가슴을 느꼈다.

"집은 작되 마당이 넓은 집이 아름답다."

이 글귀도 그때 그분이 가지고 있는 『원예와 건축』이라는 책에서 읽었다. 그 아름다운 겨울 동안 나는 마당이 큰

집을 가지고 싶다는 꿈을 처음으로 꾸었다. 그 배경에는 물론 경섭이 아저씨의 붉은 벽돌집과 넓은 포도밭이 있었다. 집 둘레엔 담장이나 철조망 대신 장미 울타리를 만들겠다며 나는 그 시절 미래의 나의 집을 몇 번이나 그려보곤 했었다.

그해 겨울, 나는 시험공부를 마치고, 꽤 괜찮은 성적으로 고교 입학시험에 합격했다.

3년 동안 아무 꿈도 없이 술이나 먹고 불평불만만 하던 내가 드디어 18살을 먹은 어느 눈 내리던 12월의 새벽, 지방 방송국 라디오에서 전하는 합격 소식을 들었다. 병석에 누워계신 어머니도 기뻐하셨고, 어머니 우환에 농토를 차례차례 처분해 가시던 아버지도 내심 나의 고입 진학을 기뻐하셨다.

그날 이른 아침, 경섭이 아저씨가 자전거를 타고 읍내에서 달려왔다.

"합격 선물이다. 길을 잃을 때마다 보렴."

아저씨가 주머니에서 꺼낸 선물을 내 손바닥 위에 내려놓았다.

작은 나침반이었다.

나는 쏟아지려는 눈물을 참으며 나침반을 움켜쥐었다.

내 인생에서 가장 소중한 시기에 나는 3년이라는 긴 시간을 길을 잃고 헤매며 살았다. 그렇게 비틀대며 걸어가던 내 뒷모습을 경섭이 아저씨가 눈여겨 보았던 것이다.

그날 이후에도 경섭이 아저씨는 고등학교 입학 때까지 그 붉은 벽돌집을 내게 맡기셨다. 나는 그동안 그분의 책꽂이에 꽂힌 시와 소설을 밤새워 읽고 또 읽었다.

밤이 깊으면 연탄 화덕의 불을 갈면서 18살 나이에 혼자 내 집을 가진 이 사치스러움에 감격했다. 십여 명 식구가 북적대며 살던 집을 떠나 혼자 이 소중한 공간을 누리며 살 수 있다니! 큼직한 책상과 책꽂이에 가득한 책들과 그리고 경섭이 아저씨의 얼굴이 사진틀에 반듯하게 걸려 있는 이 붉은 벽돌집.

당연하게 그 무렵, 경섭이 아저씨는 도저히 내가 다가갈 수 없었던 '희망'과 '꿈'이었고, 그분은 그렇게 1972년의 겨울을 송두리째 내 품에 안겨주셨다.

내가 고등학교에 진학하고 2, 3년 뒤였다.

무슨 일이 있어선지 경섭이 아저씨는 포도밭을 다른 이에게 넘기고 서울로 갔다.

그 후, 나는 어찌어찌 대학을 마치고, 결혼을 하고, 서울에 와 직장을 잡았고, 동화작가가 되었다. 그러던 중에 우연히 그분의 소식을 알게 됐다. 그때 그분은 지금도 잘 알려진 모 그룹 고위 간부가 되어 있었다.

그분을 찾아가고 싶었지만, 나는 그럴 용기가 없었다.

그 대신 그분을 위해 「남종이 아저씨의 포도밭」이라는 동화를 써서 발표했다.

"자네는 이렇게 포도밭 주인이 되지 않았는가."

구언이가 우물쭈물하는 내 손을 꽉 잡았다. 구언이의 손이 따스했다. 나는 구언이를 위해 향기 좋은 포도를 따와 구언이 앞에 내밀었다. 포도 한 알을 입에 넣은 구언이가 지긋이 눈을 감고 나더니 말했다.

"옛날 남종이 아저씨네 포도맛 그대로네."

"나도 그 맛을 생각하며 포도맛을 길들이고 있다네."

우리는 모닥불을 바라보며 오래전, 우리 곁을 떠나간 남종이 아저씨를 떠올렸다.

오, 어쩌면 이리도 모든 것이
멀리 흘러가 버렸을까.

구언이가 그 시를 다시 외었다.

그 순간, 남종이 아저씨의 잊혀진 발걸음이 언뜻 포도밭 속을 조용히 지나가고 있는 것 같았다.

세월이 흘러 나도 모르게 많은 나이를 먹었다.

그리고 그때의 경섭이 아저씨처럼 안성 산비탈에 붉은 벽돌집을 닮은 조그마한 집을 하나 마련하였다.

이제 내가 할 일은 거기 어느 농가에 있을 나를 닮은 소년에게 경섭이 아저씨가 내게 꿈을 주셨듯 그 꿈을 넘겨주는 일이다.

사람을 사랑한 남자, 시인 백석

승용차가 한 대 마을길로 들어온다.

일을 하다 말고 내다본다. 시골살이란 게 그렇다. 하도 고적하니 강아지 한 마리 슬렁슬렁 지나가도 그게 반가워 어디 가냐? 하고 물어보고 싶어질 정도다.

승용차가 요 앞 삼거리에 선다.

흩어져 있던 사람들이 승용차를 빙 둘러싼다. 차에서 누가 내린다. 머리에 털모자를 쓴 나이를 자신 분이다. 그분이 누군지는 모르겠으나 어디가 몹시 불편해 병원을 다녀오는 길인 듯하다. 걱정스러운, 따뜻한 눈빛들이 그를 좇는다.

졸레졸레 도야지 새끼들이 간다.

귀밑이 재릿재릿하니 볕이 담복 따사로운 거리다.

잿더미에 까치 오르고 아이 오르고 아지랑이 오르고

해바라기하기 좋은 볏곡간 마당에

볏짚같이 누우런 사람들이 둘러서서

어느 눈 오신 날 눈을 치고 생긴 듯한 말다툼 소리도 누우러니

소는 기르매 지고 조은다.

아, 모도들 따사로히 가난하니.

요 앞 삼거리 풍경에 맞는 백석의 시다. '삼천포'라는 부제가 달린 「남행시초 4」다. 삼천포를 지금 내가 살고 있는 '벽장골 삼거리'로 바꾸어 붙인다 해도 전혀 어색하지 않을 듯하다.

백석은 사람을 사랑할 줄 아는 시인이다. 그의 시에는 볏짚같이 누우런 얼굴의 사내들이 있고, 누우런 얼굴의 사내들이 주고받는 흙냄새 나는 목소리들이 있다. 그래서 백석의 시는 거름 내 나는 밭에 던지거나, 욕지기 난무하는 시장판에 던져놓으면 그냥 흙이 되거나 난장의 비린 생선 도막이 되고 말 것 같은 친화력을 갖는다. 농사꾼의 허리춤 담배쌈지에 끄달려가서는 담배 연기로 타오르거나 주막의 막걸리 한잔이 되고 말지도 모른다. 그만치 그의 시는 힘들게 살아가는 사람들의 밑바닥에서 출발한다. 시의 근원이 외롭고 쓸쓸하게 살아가는 사람들의 애달픈 삶에 있다.

백석의 시는 평안도의 산골집 아니면 어둑한 주막에서 태어난다. 그의 시는 글 모르고, 세력 없는 이들의, 코앞에 닥친 아픔을 즐겨 어루만져 준다. 한 번만 들어도 삶의 상처를 위로받기 쉽게 짜여 있다.

시의 이야기가 농사를 지어먹고 사시는 친숙한 나의 당숙을 닮았다. 어떤 정황을 아주 눈에 선하게 떠오르도록 언어라는 수단으로 찬찬히 그림을 그려준다.

이 시도 그렇다. 카메라의 앵글이 볏곡간 주변을 쭉 훑어 가듯 시인의 눈이 그 주변을 훑는다. 도야지 새끼들 졸레졸레 가는 거리를 시작으로, 잿더미를 거쳐 해바라기하기 좋은 볏곡간과 그 앞에 둘러서서 이야기를 주고받는 마을 사람들을 비춘다. 그러고는 등짐을 져나르다 온 황소가 그 프레임 속에 들어선다.

모두 흙에 발을 대고 사는 가축들이거나 사내들이다. 설령 그들이 지금 말다툼하고 있다 해도 백석에겐 '아, 모도들 따사로히 가난한' 사람들의 풍경이다. 이게 백석의 내 동족을 사랑하는 법이 아닐까 한다.

졸레졸레 가는 도야지 새끼들, 함북 내리는 봄볕, 일하다 잠깐 쉬고 있는 소….

통영 여자, 박경련을 찾아가는 도중의 삼천포는 그가 태어나 살던 함흥과 달리 따뜻하고 풍족해 보였겠다. '햇빛이 담북 쏟아지는 마을은 비록 가난할지라도 그 풍요한 볕으로 하여 정겹다', 이게 백석의 사람을 사랑하는 방식이다.

'삼천포'를 읽고 창밖을 내다보니 동네 사람들이 다 없다. 어느 집으로 몰려가 소주를 한잔 할지도 모르겠다. 동네집이라 해봐야 여섯 집. 그 여섯 집 중에 타지에서 들어온 이는 목수인 최씨 아저씨와 브라질에서 봉제 일

을 하다가 온 이름을 모르는 분이다. 나머지 네 집은 토
박이분들이다. 호밀밭 건너편 할머니는 우리 옆집 양형
의 고모가 되시고, 파란 지붕 집은 고모할머니의 사촌이
시고, 양형의 옆집은 양형의 고모네 밭을 얻어짓는 먼 동
생뻘이다. 다정하지 않을 수 없는 이웃들이다. 기왕에 모
였으니 뜨뜻한 안주에 소주라도 한잔 해야하지 않겠는
가.

가난한 내가
아름다운 나타샤를 사랑해서
오늘밤은 푹푹 눈이 나린다.

나타샤를 사랑은 하고
눈은 푹푹 날리고
나는 혼자 쓸쓸히 앉아 소주를 마신다.
소주를 마시며 생각한다.
나타샤와 나는
눈이 푹푹 쌓이는 밤 흰 당나귀 타고
산골로 가자, 출출이 우는 깊은 산골로 가 마가리에
살자.
　　　　　　　　　　　　　　　　　　　－중략

눈은 푹푹 나리고

아름다운 나타샤는 나를 사랑하고
어데서 흰 당나귀도 오늘밤이 좋아서 응앙응앙 울을
것이다

백석의 시에서는 소주 냄새가 난다.

눈 내리는 밤, 무연히 내리는 눈을 보며 '나'는 나타샤를 사랑한다. 나만 나타샤를 사랑하는 것이 아니라 어데서 흰 당나귀도 눈 내리는 밤을 사랑해 '응앙응앙' 울고 있는 밤이다. 내가 나타샤를 사랑하지만 않았어도 오늘 같은 밤엔 눈이 내리지 않았을 텐데, 그만 쓸쓸히 눈이 내려 나는 먼 이국의 여인을 사랑하고 만다.

그런데 더욱 쓸쓸한 것은 이런 밤, 내 곁에는 나타샤가 없다는 것이다. 있으려면 그 여인은 러시아의 어느 광활한 소설 속의 여인이어서 나는 홀로 소주를 마실 수밖에 없다. 마실 거면 당나귀를 타고 눈길을 헤치며 가다가 어느 막다른 길 끝에 놓인 가난한 마가리에 들어가 마신다. 눈이 내리면 백석은 그렇게 외롭다.

백석의 고향집은 외딴 '마가리'였으나 그는 늘 먼 이국을 꿈꾸었다. 그는 평북 정주의 진한 사투리로 시를 썼지만, 그의 영혼은 유랑민처럼 먼 국경선 밖을 떠돌았다. 남쪽의 시인들이 프랑스와 영국과 더블린과 도이치의 시와 소설을 사랑했다면 백석은 그들과 달리 사철 눈 내리는 북쪽 러시아를 사랑했다. 그곳의 고골리와 뿌시낀, 체홉의 문학을 연인처럼 사랑했고, 사회주의까지도 사랑했다.

그가 누구든 나라 없던 시절, 먼 이상을 위해 '더러운 세상'과 싸우는 일은 외로웠겠다. 나타샤와 흰 당나귀와 소주를 마실 수밖에 없는 쓸쓸한 외로움 뒤에, 끝내 조국은 해방이 됐다. 그러고 다시 일어난 민족 전쟁 뒤에도 백석은 홀로 추운 북쪽에 남는다. 가난해도 따사로운 정으로 사는 그쪽 땅의 사람들을 백석은 너무 사랑했을지 모른다. 그리고 사회주의라는 손수건만이 그들의 눈물을 닦아주리라 믿었던 것 같다.

전쟁이 끝난 이후에도 백석은 사회주의와 살다가 끝내 사회주의의 그림자에 밟혀 숨을 거두었다. 겨울 햇빛이 뽀오얗게 내리는 오늘, 백석의 나타샤를 다시 생각한다.

그 시절, 백석은 나타샤가 그리워 소주를 마셨고, 박인환은 목마를 타고 떠난 애덜린 버지니아울프를 그리워하며 술을 마셨다. 사내들에겐 남몰래 가슴에 숨기고 사는 여인이 있다. 그 여인은 만나려야 도저히 만날 수 없는 아득한 섬에 산다. 우리가 가끔 홀로 술을 마시는 것은 내 영혼 속에 머무는 그 여인과의 깊은 입맞춤이 그립기 때문이다.

백남준을 사랑한 구보다 시게코

봄이 오려할 때 그곳으로 들어갔는데 그곳에서 나와 보니 벌써 뜰 마당에 함박꽃이 피고, 모과꽃이 또 시나브로 지고 있네요. 그동안 백남준 곁에 누워 같이 잠을 자다가 깨다가 하며 비몽사몽 했습니다. 출판사에서 백남준 전기를 좀 써달라는 요청이 왔습니다. 처음엔 호기심으로 승낙했는데, 자료를 보면서 이 어마어마한 백남준을 잘 이해할 수 있을까 하는 두려움이 앞섰습니다.

백남준는 피아노 앞에 앉아 연주를 시작합니다.
놀랍게도 그는 손이 아니라 이마로, 팔꿈치로, 어깨로 미친 듯이 피아노를 두드립니다. 청중들은 이 놀라운 연주에 한숨을 내쉬거나 비명을 지릅니다.
"피아노가 죽어야 음악이 살어!"
백남준은 끝내 벌떡 일어나 피아노 건반을 쥐어뜯습니다. 피아노 줄을 길길이 뽑아냅니다. 그러더니 피아노를 무대 끝으로 밀고가 냅다 밀어젖힙니다. 피아노가 비명을 지르며 무대밖에 나가떨어집니다.
'콰다다다당'
피아노 박살나는 소리가 연주회장을 울립니다.

나는 그의 글 앞부분을 이렇게 시작했습니다.

백남준은 소음 또한 음악 일부로 받아들이고 싶어 한 예술가이지요.

그는 그 이전, 1959년 다름슈타트에서 만난 존 케이지에 매료됩니다. 백남준 예술의 시작은 존 케이지가 아닐까, 합니다. 그는 그를 극복하기 위해 다양한 매체를 이용하여 누구도 성공적으로 다루지 못한 비디오나 폐쇄회로 텔레비전을 예술 속으로 이끌어 들입니다.

그런데 말입니다. 전기를 다 쓰고 나서도 내 마음에 애잔하게 남는 것이 있습니다. 백남준의 아내 구보타 시게코입니다. 시게코는 한국의 예술가를 사랑한 일본 여인입니다. 그를 생각하려니 또 한 여인이 있습니다. 이중섭을 사랑한 야마모토 마사코입니다.

왜 그들은 외롭고 쓸쓸하도록 한국의 청년 예술가들을 사랑했을까요?

1964년 6월, 요미우리신문에 백남준에 관한 기사가 났습니다. 미술학교 학생이던 시게코는 이 기사를 보고 흥분하지요.

"백남준을 내 남자로 잡고 말겠어!"

그때 그 기사의 내용이 '파괴의 미학' 이었습니다.

1964년이면 백남준이 미국에 이주해 있을 때입니다. 백남준은 일본 유학을 거쳐 독일로 갔지요. 50년대만 해도 일본은 전위 예술이 판치던 시절이었습니다. 그는 이미 일본에서 존 케이지를 알았고, 대학을 마치고 독일로 가 거기서 다시 케이지를 만났지요.

1957, 8년 독일 다름슈타트에서 '신음악을 위한 국제 여름코스'가 열렸습니다. 엄청나게 뜨거웠던 국제적 행사였던 모양입니다. 요즘 사회비평을 공부하면서 알게 된 이름들이 대부분 거기 있었습니다. 루이지 노노, 아도르노, 스톡하우젠은 물론 존 케이지도 거기에 왔었고, 백남준은 거기서 윤이상도 만나게 됩니다.

주로 아방가르드 예술이 유럽을 휩쓸던 무렵입니다.

백남준은 텔레비전 매체에 관심을 가지면서 미국으로 이주합니다.

그때가 1964년입니다.

그 무렵, 백남준은 도쿄에 와 퍼포먼스를 했던 모양입니다. 구보타 시게코는 거기에서 백남준과 조우합니다. '백남준을 내 남자로 만들겠다'던 시게코에겐 절호의 기회였겠지요. 퍼포먼스가 끝나자, 시게코는 공연장 뒤로 가 백남준을 만납니다.

"차 한잔하시겠어요?"

어디에서나 남녀는 이런 대화를 시작으로 만나게 되는 모양입니다.

낯선 여류 예술가의 이 당돌한 제의를 거부할 수 없었겠지요. 백남준도 뜨겁고 격정적인 남자였으니까요. 차도 마시고, 밥도 먹었겠지요.

그런 만남이 있고 백남준은 미국으로 훌쩍 가버립니다.
혼자가 된 시게코는 견딜 수 없었지요.

그해 7월 백남준이 있는 뉴욕으로 떠납니다. 뉴욕에서
일어나고 있는 플럭서스 운동이 또 몹시 부러웠겠지요.
거기엔 존 레넌의 여자가 된 오노 요코도 있었고, 현대무
용가인 시게코의 이모도 활동하고 있었습니다.

뉴욕으로 간 시게코는 꽤 오랫동안 백남준과 함께했던
모양입니다. 나중 시게코의 말을 빌리면 자신은 백남준
의 '실질적인 아내'였다고 했습니다.

1969년은 시게코에게 잔인한 해였습니다. 백남준이 여
성 첼리스트 샬롯 무어맨과 공연을 다니던 해입니다. 그
공연 소식, 들어 좀 아시지요? 투명한 옷을 입긴 했지만,
맨몸 같은 무어맨을 껴안고 그의 몸에 활을 그으며 첼로
연주를 하는 백남준의 퍼포먼스.

시게코는 그때, 백남준과 무어맨의 관계 때문에 충분히
외롭고 쓸쓸했을 것입니다. 그들이 순회공연에서 돌아온
어느 날, 시게코는 유대인 음악가 데이비드와 결혼을 해
버립니다.

"잘했어. 나는 결혼이 맞지 않아."

백남준은 아무렇지 않게 그 일을 받아들였습니다.

그 후 3년이 지난 어느 날, 백남준을 떠난 시게코한테서
전화가 걸려 왔습니다.

"나, 지금 당신한테로 가겠어."

그렇게 해서 시게코는 데이비드를 버리고 다시 백남준 곁으로 돌아옵니다.

그 무렵의 시게코 마음이 어떠했겠어요. '내 남자' 곁에 있어도 내 남자는 나를 사랑하지 않는 것 같고, 다른 남자와 결혼하겠다고 말할 때도 '그래, 그와 결혼해' 하는 사내. 그를 못 잊어 다시 돌아오겠다고 했을 때도 아무 일 없다는 듯 '그래, 와.' 하는 남자. 모르긴 해도 그때 시게코의 속은 까맣게 타고 타고 또 타서 재가 되었겠지요.

그런데 말이지요.

왜 백남준은 구보타 시게코든 아니든 이미 마흔이 넘은 나이에 결혼하지 않았을까요? 예술가들은 뮤즈로부터 영감을 받는 경우가 허다하잖아요. 물론 백남준은 결혼이라는 형식에 매이길 싫어했을 게 분명하긴 합니다. 그렇기는 해도 결국 나중에 결혼을 한 걸 보면 조금의 의구심이 지워지지 않습니다. 왜 그때까지 결혼하지 않았을까요? 혹시 오래전에 마음에 두었던 여자가 있었던 건 아닐까요? 그녀의 얼굴을 닮은 아기를 낳아 행복하게 살고 싶었지만 이미 그녀는 남의 여자가 되어버렸던 건 아닐까요?

이야기가 너무 깊어지는군요.

구보타 시게코는 덜컥 암에 걸립니다. 아프고 아팠던 그녀의 허전한 생애 때문일지도 모릅니다. 결국 병원비가 두려운 시게코는 눈물을 흘리며 일본행 짐을 쌉니다. 그걸 본 백남준이 시게코의 손을 꽉 잡습니다.

"우리 결혼하자, 당장!"

다음 날로 마치 퍼포먼스를 하듯 두 사람은 결혼합니다.

그렇게 마음이 여린 게 백남준입니다.

백남준에겐 시게코를 살릴 수도 있는 의료 보험 카드가 있었습니다. 그는 진정으로 시게코를 사랑해서 결혼한 걸까요? 아니면 그를 살리기 위해 한 걸까요?

1996년 백남준에게 뇌졸중이 찾아옵니다.

그는 구보타 시게코에 의지해 10년을 더 살다가 74살에 죽고 맙니다.

그 후 경기도문화재단에서 백남준 기념관 개관식을 할 때였지요. 그때 백남준의 아내 구보타 시게코 여사가 방한한 적이 있습니다.

그 무렵 중앙일보와 인터뷰한 그녀의 기사를 보고 나는 놀랐습니다. 그의 백남준에 대한 사랑이 얼마나 아프고 쓰라렸는지를.

그녀는 백남준을 사랑했느냐는 질문에 이렇게 대답했습니다.

"365일 24시간 온전히 내 남자로 돌볼 수 있어 행복했습니다. 그 10년이."

이 글을 읽는 순간, 나도 모르게 울컥 눈물이 쏟아졌습니다. 사랑이란 대체 무엇인지. 인생의 마지막 순간에 와서야 비로소 힘없고 병든 '내 남자를 차지한' 구보타 여사의 너무도 아팠을 마음 때문입니다. 이국의 한 남자를 사랑했지만, 자신이 온전히 차지할 수 있었던 건 백남준의 병든 몸이었습니다.

행복과 불행의 차이

작은형이 운명했다.

일흔일곱. 갑작스럽게 다가온 암이 작은형의 목숨을 앗아갔다. 암 선고를 받자, 나는 작은형을 보러 강릉으로 내려갔다. 형은 사천에 있는, 잘 알려진 병원에 입원해 있었다. 서울에서 직장 생활을 하는 조카도 내려와 병석을 지키고 있었다.

형은 환자라기보다 늘 지켜보던 그 모습 그대로 건강해 보였다. 단단한 이마와 반듯한 얼굴 윤곽, 농사일로 다져진 균형 잡힌 체격과 힘하지만 탄탄한 손.

달라진 모습이 있다면 옆구리에 차고 있는 호스였다. 호스 끝에는 담즙을 뽑아내는 비닐 주머니가 죽음의 그림자처럼 매달려 있었다.

"그러지 말고 서울 큰 병원으로 한번 가 봐요."

나는 형의 손을 잡으며 그 말을 했다.

내가 형을 찾아간 것도 실은 서울에 있는 큰 병원에서 좋은 치료를 받아보자고 권하러 간 거였다. 큰조카도 서울에서 제법 탄탄한 직장을 가지고 있고, 또 나도 있고, 작은누나도 있고. 작은형이 올라온다고 해 부담을 느낄 일은 전혀 없었다.

"얼른 결정을 해요. 하루가 급한데."

나는 또다시 재촉했다.

내가 또 하나 재촉하는 까닭은 작은형이 평생 밝은 세상을 보지 못하고 살아왔다는 점이다. 형은 일곱 살 때 실명을 하여 너무도 힘든 세월을 살았다. 눈 뜨고 사셨다면 일흔일곱이란 나이를 서럽게 여기지 않을 수도 있겠다. 그러나 형에게 있어 일흔일곱은 눈 뜨고 산 일 년만도 못하다는 생각이 내게 있었다.

작은형은 실명의 몸으로 아들 둘과 딸 둘을 키웠다. 그 자식들을 출가시킬 때마다 실명한 일로 적잖이 마음 고생을 했다. 얼마나 그 고충이 심했냐면 형이 내게 어느 밤 전화를 해왔었다.

"혹시 서울에 내 눈을 뜨게 할 수 있는 병원이 있는지 좀 알아봐 주게."

그러는 작은형 목소리가 촉촉이 젖어 있었다.

예순을 넘긴 형의 눈을 고칠 수 있는 병원이 이 세상 어디에 있을까. 사리에 밝은 형이 그 일을 모를 리 없었다. 나는 대답을 마치고 여기저기 알아봤지만, 실명 기간이 너무 오래되어 재생이 어렵다는 말만 들었다. 내가 알기에도 작은형은 오래전에 빛을 포기하였다. 그렇지만 가정사에 무슨 일이 있을 때마다 그 문제는 작은형을 힘들게 했다.

그런저런 고충을 겪으면서도 작은형은 조카들을 훌륭히

키워 모두 출가시켰다.

"남들 다 병 나면 서울로 올라가는 데 뭘 망설여요."

나는 다시 작은형의 결심을 재촉했다.

"애써 목숨을 연명하고 싶지 않네."

형은 나의 재촉에 뜻밖에도 그런 대답을 했다.

작은형의 내부에 도대체 어떤 어둠의 빛이 깃들어 있는지 알 수 없었다.

말이 일흔일곱이지 형은 쉰 나이 못지않은 체력을 가지고 있었다. 조카들도 남부럽지 않게 출가를 잘 시켜 경제적인 어려움 역시 전혀 없는 편이었다.

나는 작은형과 함께 작은형이 좋아하는 가까운 바닷가 횟집에 갔다. 거기서 작은형과 나는 회를 시켜놓고 마주 앉았다. 형도 기분좋게 회 몇 점 들었다. 그러면서도 속마음을 드러내지 않았다. 웬만한 일이면 의논하길 좋아하고, 무엇보다 동생인 내 말 듣는 걸 좋아했다.

병원으로 돌아갈 시간이 점점 다가왔다.

그때쯤 작은형의 손을 잡고 해안 길을 잠시 걸었다. 그때에도 나는 부담을 느낄까 봐 가벼운 말로 다시 수술받기를 권유했지만, 작은형의 생각은 바뀌지 않았다.

그 사이에 한두 번을 더 만났지만, 형은 담담했다. 죽음에 대한 두려움도 없고, 살아온 삶에 대한 애증도 없어 보였다. 작은형은 그렇게 석 달을 더 살고는 그만 원하던 대로 운명했다.

형을 보내면서 나는 그간의, 내가 아는 형에 대한 추억 때문에 슬펐다. 작은형은 일곱 살 이후, 한 조각 빛도 다시 보지 못하고 떠났다. 자식들이며 손자들의 얼굴도 보지 못하고 떠나는 형 때문에 살아있는 우리들이 실은 더 괴로웠다.

작은형을 보내고 먼저 올라온 나는, 삼우제를 마치고 서울로 돌아온 조카에게 위로의 전화를 걸었다. 내 전화를 받고 이런저런 이야기를 하던 조카가 아버지가 운명하기 전날, 자신에게 했다는 말을 전했다.

"제 손을 잡고 그간 누구보다 행복하게 살았다, 그 말씀을 하셨어요."

그랬다.

너무도 뜻밖이었다.

우리가 작은형과의 작별을 괴로워하고 있을 때 작은형은 그런 작별의 말을 준비하고 있었다. 식물은 모질고 아픈 긴 성장 끝에 향기를 뿜는 꽃을 피워낸다. 그러나 그 향기 나는 순간이란 대체 얼마나 짧은가. 어쩌면 그 향기를 감미로워하는 순간 꽃은 지고 만다. 작은형도 어쩌면 '그간 행복하게 살았다'는 말을 자식들의 심장에 향기롭게 남기기 위해 암 선고 이후의 석 달을 침묵으로 견뎠을지 모른다.

행복이란 무엇일까. 빛없이 살아온 작은형의 인생이 불행했을 거라 생각했던 나는 혼란스러웠다. 그렇다면 불

행이란 또 뭘까. 작은형은 그 질문들을 살아남은 우리에
게 던져놓고 홀연히 떠났다.

바가지가 지니는 숭고함

퇴근할 때면 늘 만리동 언덕길을 타고 걸어 내려온다.

어디쯤 골목길을 돌아서는데 나이 든 남자분이 장대를 들고 고지박을 따고 있다. 고지박이 전깃줄에 매달려 있다. 민가의 처마에서 전봇대를 향해 오르는 허공중이다. 허여멀건 놈이 크다. 나는 한참이나 서서 박 따는 모습을 지켜보았다.

고향에서도 서리가 두어 번 내리면 담장이며 호박밭에 섞여 크는 고지박을 땄다. 배때기를 허옇게 드러낸 고지박을 딸 때면 반드시 고지박 배때기를 찰싹찰싹 두드려 봐야 한다. 그것이 혹시 허옇게 배를 드러내고 누운 동네 술주정뱅이인지 아닌지 알기 위해서다. 술주정뱅이를 모르고 집안에 들일 수야 없지 않은가.

그런 수고로움을 들여 따낸 고지박을 쌓아놓으면 스무 개는 족히 넘는다.

여물기 전에는 하얀 박속이 된장국을 끓이는데 빠져서는 안 될 재료다. 그러나 서리 맞고 머리통이 여물면 고지박이 할 일이 따로 있다. 바가지가 될 일이다.

시간이 좀 한가한 때를 골라 마당에 명석을 깔고 고지박을 톱으로 컨다. 굵은 톱보다 이가 잔 톱이 좋다. 흥부네는 비록 가난해도 부부간의 금실이 좋아 여편네랑 고지박을 사이에 두고 마주 톱질했다.

그러나 보통 민가의 고지박이야 멍석에 앉아 두 발바닥으로 박을 잡고 한 손으로 톱질하면 충분하다. 쪽박이 되건 뒷박이 되건 물박이 되건 딱 반이 되도록 켜야 한다. 그러니 흥부네 부부처럼 흥에 겨워 켜다가는 건질 박이 없다.

그 많은 고지박을 다 켜면 박속을 파내어 가마솥에 삶는다. 장작 한 아름을 아궁이에 넣고 관 불로 푹 끓여 내면 그 다음에 할 일이 있다. 놋숟가락으로 박속을 박박 긁어내는 일이다. 뜨끈한 가마솥에 손을 넣고 박박박 긁어내는 일이란 즐겁다. 박속을 깨끗이 긁어내고 나면 말끔히 씻어 그늘에 말린다. 집 안팎을 드나드는 선선한 바람에 말리려면 사흘이면 족하다.

박은 어디에 쓰이느냐.

뒷박으로 되질할 때 쓰인다. 다섯 홉들이 작은되와 열 홉들이 십성큰되가 그 뒷박이다. 그 뒷박으로 어촌에서 팔러온 명태나 북어를 쌀로 바꿀 때, 참깨나 고춧가루 소금을 사고팔 때 쓴다. 그 외 바가지는 부엌에서 조리 도구로 쓰인다. 물박이거나 쌀박이거나 쌀을 씻는 이남박으로 쓰인다.

박이 충분히 마르면 그 안쪽에 돋을무늬가 선연히 드러난다. 돋을무늬가 뚜렷할수록 박은 탄탄한데 그 모양을

엠보싱 패턴이라 하고 그게 잘 갖추어진 박일수록 수명이 길다.

바가지는 보시의 도구로도 쓰인다.

예전 시골엔 동냥 다니는 이들이 많았다.

그 시절은 모두 헐벗고 넉넉히 먹지 못하던 때였다. 물론 식구가 많은 우리 집도 넉넉하지 못했다. 그러면서도 누가 동냥을 오면 어머니는 부엌에 나가 그들을 도왔다. 그들을 돕는 최일선에 바가지가 있었다. 가을철이면 가끔 흰쌀을, 여름철이면 보리쌀이나 감자를 그들이 내미는 동냥자루에 담아주었다. 쌀이나 보리쌀은 바가지에 비해 조금 담았지만, 감자나 고구마는 암만 큰 바가지여도 섭섭하지 않게 담아주었다. 옥수수도 담아주었고, 감 나는 철이면 감도 담아주었다.

바가지는 남의 것을 약탈해 오는 도구가 아니다. 오히려 내 것을 남에게 내줄 때 요긴하게 쓰이는 자비의 도구다. 우물 곁을 지나는 목마른 나그네가 물 한 모금을 청할 때도 그 목을 축여주던 것이 바가지다.

바가지의 웅숭깊은 빈자리가 자비를 베푸는 마음자리다. 바가지가 되는 날부터 바가지는 제 몸 안에 타인을 위해 요긴한 것을 이렇듯 채운다. 그게 빈 바가지의 아름다움이다. 흔하고 값싼 것이 바가지이지만 바가지엔 그런 무욕과 채움의 정신이 있다. 그렇기에 바가지를 손에 들면 바가지는 그걸 쓰는 이의 자비의 구체적인 부피를 보여준다. 그가 얼마나 넉넉한 인심의 소유자인지를 여지없이 드러낸다.

그런가 하면 남의 일을 도와주지는 못할망정 남의 꿈을 밟아 으깨는 일도 있다. 그때 희생당하는 것 또한 바로 이 쪽박이다. 누구에게나 사람의 마음 중엔 놀부 심보가 들어있다. 놀부 심보가 울컥 드러날 때 와지끈 부서지는 것이 쪽박이다. 이름하여 쪽박 깨기다. 남의 쪽박을 빼앗아 엎어놓고 발로 꽉 밟는 심리의 그늘에 자기 헌신의 바가지가 있다.

뭐니 뭐니 해도 바가지 아름다움의 극치는 물 자배기에 엎어놓고 악기로 쓰일 때다. 사는 일에 지치고, 쌓인 한을 풀어내지 못해 한숨을 내쉬는 여인들의 노래 장단을 맞추어 주는 게 바가지다. 얼마나 간편하고 또 경건한 악기인가.

"문경 새재는 웬 고갠가. 구부야, 구부 구부야 눈물이 난다."

어두운 부엌이나 뒤꼍 방에 여럿이 둘러앉아 가슴에 맺힌 것을 눈물 아닌 노래로 끄집어내는 이 음악적 행위에 물박이 있다. 손으로 물박을 두드리며 안의 서러움을 밖으로 풀어냈다.

"날 두고 간다고 말하지 마소. 돌아서지 돌아서지 마소. 등 돌려간다고 말하지 마소. 가는 등 돌려 날 보아주구려. 가지 마소. 가지 마소. 섧다 섧다 가지 마소."

그렇게 물박을 두드려 노래 부르던 어머니가 우리들의
어머니였다.

마당 가 담장 위에, 헛간 지붕 위에 아무렇게나 눌러앉아
크는 고지박 하나에도 따지고 보면 이렇게 큰 내력이 있
다. 그의 일생이 실로 위인전에 가깝다.

까꿍이의 서러운 눈물을 알겠다

서울대에서 신림역으로 가는 고갯길은 혼자 걷기에 좋
다. 산을 타고 지나가는 계절을 힘 안 들이고 볼 수 있고,
또 호젓해서 좋다.

그 고개를 넘을 때가 낮 12시 30분쯤.

나도 몰래 길옆 어탕국수 집에 들어섰다. 요행히 비어있
는 자리가 있어 앉을 수 있었다. 대부분이 등산을 마치고
내려와 점심을 먹는 이들 같았다.

어탕국수를 시켜놓고 창밖을 내다보고 있을 때다. 옆좌
석에 앉은 여자분들 이야기에 귀가 솔깃해졌다.

"글쎄 말이야."

한 분이 그렇게 이야기를 시작했다.

"우리 까꿍이 있잖아."

나중에야 알았지만 까꿍이는 이야기를 시작하는 그 여자
분의 4살 난 손녀였다.

동네 사람들이 집에 놀러 오면 아기가 예뻐 어렸을 때부
터 '까꿍아! 까꿍아!' 하며 업어 주고, 안아 주고, 시장에
데려가고, 그랬단다. 집안 식구들도 물론 어릴 때부터
'까꿍이, 까꿍이.' 했단다. 그 말을 들으며 자란 손녀도
저를 가리킬 때면 '할머니, 이거 까꿍이 거 맞지?' 그런

식이었다고 한다.

"그 까꿍이가 어제 처음으로 유아원 갔다가 울며 온 거야."

"아니, 왜 울며 왔대?"

옆에 앉은 분이 물었다.

"글쎄 들어봐. 왜 울며 오냐고 물으니까 이러는 거야. 나 원 웃겨서."

"뭔데? 뭐가 웃기는데."

이번엔 맞은편에 앉은 분이 채근했다.

"글쎄, 선생님이 까꿍이 안 불러 줘서 울고 온다는 거야."

"그게 무슨 말이야?"

옆자리의 분이 다시 물었다.

"까꿍이 이름이 지성미인데 까꿍이는 제 이름이 까꿍이 인 줄만 알았던 거지 뭐."

그제야 그 자리에 앉은 분들이 파대 웃음을 했다.

물론 나도 창밖을 바라보며 실룩실룩 웃었다. 안 웃으려 해도 자꾸 웃음이 났다. 모두 '울만 하네.', '울겠구만 뭐.' '제 이름 안 불러줬으니 을마나 슬펐을까.' 한마디 씩 했다.

그분들도 등산을 마치고 내려온 분들 같았다.

잠시 후, 그분들이 일어섰다. 식사를 마친 나도 그분들이 떠난 뒤 일어섰다.

그 어탕국수 집을 나와 신림역으로 걸어 내려가며 나는

그 까꿍이 때문에 몇 번이나 웃었다.

자신을 까꿍이라 안 부르고 낯선 지성미라 부를 때 까꿍이는 얼마나 당황했을까.

그때의 까꿍이 기분이 어땠을지 약간은 짐작이 갔다.

내게도 그런 경험이 있다.

퇴근할 때면 나는 늘 서울역에서 전철을 탔다.

어느 해 겨울이다. 그날도 서울역에서 지하 전철역으로 내려가는 에스컬레이터에 올라섰다. 그때나 지금이나 양복 재킷을 혐오하는 나는 검정 점퍼를 입고 있었다. 밀리터리 스타일 점퍼를 입은, 수염이 좀 있는 내가 경찰의 눈에 이상하게 보였던 모양이다. 에스컬레이터 아래에서 있던 두 명의 경찰이 기다렸다는 듯 에스컬레이터에서 내려서는 내 앞으로 다가왔다.

신분증을 보자는 거였다.

나는 없다고 했다. 습관대로 신분증을 넣어서 다니지 않았으니까.

그러자 그들은 내가 더 의심스러웠던 모양이다. 날카로운 눈초리로 내 앞에 한 발 바짝 다가섰다. 나는 주머니에서 내 명함을 꺼내어 보여줬다. 거기엔 누구나 읽을 수 있는 한글로 된 내 이름과 내가 다니는 직장과 집 주소와 휴대전화, 그리고 친절하게도 이메일 주소까지 적혀 있었다. 그러나 그들은 내 정보가 적힌 이 읽기 쉬운 명함에서 고개를 돌렸다.

"주민번호 좀 불러주세요."

경찰은 손에 들고 있는 단말기에 내 번호를 받아칠 태세였다.

유아원 선생님이 까꿍이 대신 지성미가 필요하듯 내 앞에 선 이 권력은 실물인 권영상 대신 주민등록번호를 요구했다. 순간 머리가 띵했다. 이들이 한 사람의 시민을 그들이 매긴 번호로 이렇게 관리하고 있구나, 하는 불쾌감이 들었다. 그 단말기 안에는 권력이 매겨놓은 내 정보가 들어 있는 게 분명했다.

나는 내 주민등록번호를 불러주었다.

경찰은 들고 있는 단말기에 내 번호를 입력했다.

"앗, 실례 많았습니다. 안녕히 가십시오."

그들이 필요로 하는 나에 관한 모든 정보가 거기 뜬 모양이다. 두 사람의 경찰은 내가 원하지도 않은 거수경례를 올려붙이고는 돌아섰다.

기분이 묘했다.

키 182센티, 북방계통의 골격을 가진 사내.

그런 모습이 경찰들에겐 요즘도 이상하게 보이는 모양이다.

1970년대나 80년대, 나는 그때를 건너오며 이런 수모를 여러 차례 당했다.

그때는 너나 할 것 없이 똑같은 옷을 똑같이 입던 기성품 시대였다. 국민의 표준 키보다 큰 나는 기성품의 세례를 못 받았고, 그런 나의 외모는 늘 검문의 대상이었다.

그런 일을 여러 번 당하면서 나는 국가가 국민을 이런 원시적인 방식으로 관리 감시하고 있다는 걸 알아챘다. 그 당시 국가는 크기가 비슷한 기성품 옷을 입혀놓고 시민을 편리하게 관리했다. 그런 그들의 눈에는 항상 표준 키보다 큰 시민이 우선 관리 감시의 표적이 되었다. 그러니까 기성품은 국민을 관리하는 일종의 한 도구였으며 표준치보다 키 큰 사람은 위험인물이었다.

지금은 검문하는 방식도 진화했을 줄 알았는데 여전하다. 우리나라 국민이 되려면 우선 너무 키가 크지 말아야 한다.

군에 입대해서도 국가는 긴 군번으로 우리를 관리했고, 정기간행물 회사나 백화점도 고객을 관리한다며 사람마다 고유번호를 매긴다.

노고의 대가로 받던 월급은 통장 입금으로 바뀌었다. 그 과정에 통장번호가 있다. 그때로부터 우리는 우리가 애써 수고한 노동의 대가를 만져보지 못하게 됐다. 그러면서 우리들은 실존하는 존재가 아니라 번호로 치부되는 허상의 존재로 전락해 갔다. 우리는 신용카드의 이면에 숨겨진 노림수를 잊은 나머지 주머니가 텅 빈 빚투성이가 되었고, 동시에 영혼이 없는 껍데기가 되어가고 있다. 그 뒤에 은밀히 숨겨진 카드 번호가 있음을….

언젠가 차를 몰고 교외의 음식점에 간 적이 있다. 그 음식점엔 차를 주차하면 입구에다 키를 맡기게 되어 있었다. 식사를 마치고 키를 찾으러 간 내게 키를 관리하는 분이 나의 차량 번호를 물었다. 그때 나는 내 차를 주차해 놓은 곳에 가서야 번호를 알아냈다.

관리인은 내게 키를 내주면서 내 전화번호 적어두는 것을 잊지 않았다. 내가 멀쩡한 남의 차를 가져갈지도 모른다는 이유에서였다. 나를 붙잡아 두는 대신 그는 내 전화번호를 인질로 삼은 셈이다. 이런 때를 대비해서라도 편리한 시민이 되려면 차 번호를 외어야 하는 고통을 감수해야 한다.

나는 울며 돌아온 까꿍이의 심정을 안다. 자신은 분명 까꿍이인데 선생님이 자신을 향해 '네가 지성미잖아!' 라고 말할 때 어린 까꿍이는 얼마나 슬펐을까. 까꿍이가 어른이 되어, 또 한 번 주민등록번호 앞에서 슬퍼하게 될 일을 생각한다.

단오 열전

"남자는 세상에 태어나 몇 번 울어야 하는지 아는 사람 손 들어보시오!"

사내의 말에 이 사람 저 사람 소리쳤다.

"세 번! 세 번이오!"

"그럼 언제 언제 울어야 하는지 누가 맞혀 보시오. 맞히면 하나밖에 안 남은 내 몸뗑이를 바치겠오. 간을 달라면 간을 주고, 거시기를 달라면 거시기를 베어 주겠소."

사내는 군데군데 찢어진, 배 나온 광목천 웃옷을 훌렁 벗어 보였다.

살이 잘 찐 투실투실하고 불콰한 몸이다.

"태어나서 한 번!"

앞자리에 앉은 아주머니가 불콰한 몸이 탐나는지 대뜸 대답했다.

"또?"

"부모님이 돌아가셨을 때!"

"옳지. 마지막으로 또?"

"마누라가 죽었을 때."

아주머니의 대답이 끝나자, 사내가 되받아쳤다.

"미친 소리하고 자빠졌네. 마누라 죽음 웃지, 우는 정신 나간 새끼가 이 시상에 어디 있어!"

그러자 모여 선 사람들이 와아! 웃었다.

사내가 다시 그 입심 좋은 입을 열었다

"첫째와 둘째는 맞는디 싯째는 틀려 부렸구먼."

그러면서 자신의 고무줄 넣은 광목 중의의 허리춤을 잡아당겨 그 안의 것을 들여다보며 걸쭉한 입담을 풀어놓았다.

"시번째는 밤중에 마누라가 한번 하고 싶으나 사내의 이 빤스 안에 있는 이놈의 못난 것이 서주지 않을 때, 그때 마누라는 기가 막히지."

그러며 사내가 목 놓아 소리를 했다.

"어이쿠, 내 가련한 인생아. 이제 무슨 재미로 살꼬나. 남편은 못 생겨 정 떨어진지 오래나 이것만큼은 못 생길수록 살 깊은 맛이 좋아 정붙이며 살았는디, 이제 이것의 숨이 넘어갔으니 어이 살꼬. 이 가련하고도 가련한 인생이여! 하고 마누라가 올 때, 그때 남자는 시번째로 속으로 끄억끄억 운다 이거지."

이러며 사내가 제 광목 중의를 당겨 그 안을 들여다보며 우는 시늉을 한다.

모여 섰던 사람들이 일시에 또 한 바탕 웃었다. 아줌마도 아저씨도, 할머니도 할아버지도 남자도 여자도 거기 서 있던 나도 웃었다.

"판사 검사 변호사 의사. 이 말고 '사' 자 든 거룩한 사람이 또 하나 있는디 그가 누구냐? 여기 있는 이 약장사."

약장사의 질박한 입심에 사람들이 키들키들 웃었다.

이름하여 '허리수와 장금이 품바'.

강릉의 단오 터로 들어가는 길목에서 제일 먼저 만난 건 품바였다.

지난 일요일 아침, 안성에서 서울로 와 집에다 빨랫거리랑 가방을 내려놓고 바로 강릉으로 내려갔다.

강릉이 고향인 사람들이라면 다들 '단오'라는 말을 들으면 설렌다. 밥 먹던 숟가락을 내던지고, 마누라 치마끈을 풀던 손을 놓고, 손아귀에 잡은 모춤을 내던지고 남대천 단오 터로 향한다. 음력으로 5월 5일이면 강릉 사람들의 머릿속엔 언어처럼 단오 터로 향하는 모천회귀의 나침반이 작동한다.

품바의 약장수 공연장에서 나와 남대천 변에 줄지어 선 오만가지 물건을 파는 부스를 지나 다다른 곳엔 모 방송사배 농악 경연대회가 한창이었다. 금속성 꽹과리와 징 소리가 공연장을 달구고 있었다. 내 걸음이 그쪽을 향해 빨라지고 있었다.

이미 내가 공연장에 들어설 땐 포남동 농악팀이 한창 불을 뿜고 있었다. 소고를 든 소고 패들과 치마저고리를 입은 무동들의 모 찌기, 모심기 연기가 한창이었다. 늙수그레한 남정네들이 상두를 돌리며 잘숙잘숙 소고를 치는 모습을 보자, 불현 몸이 떨었다. 아니 몸이 운다는 말이 옳겠다. 그들의 늙은 몸을 놀리는 연희에서 한때 흥에 젖어 어깨를 잘숙거리던 아버지가 보였기 때문이다.

나는 이유도 없이 흘러내리는 눈물을 닦고 닦고 또 닦으며, 때로는 웃고 또 때로는 흐느끼며 농악을 관전했다. 난타하는 꽹과리며 징소리는 고향을 떠나 사느라 겪었을 설움과 외로움을 한꺼번에 풀어낸다. 포남동 농악이 끝나고 강남동 농악이, 강남동 농악이 끝나고는 여자 상쇠를 둔 성덕동 농악이 무대를 달구었다.

단오 본디의 뜻인 제천의 이 뜨거운 춤과 놀이와 연주의 열기는 하늘을 감동시키고도 충분히 남을만 했다.

나는 농악터에서 무려 3시간이나 머물다가 성덕동 농악을 끝으로 나와 점심을 먹었다. 당연히 어린 시절 아버지를 따라와 먹던 국밥집을 찾았다. 맛은 그 시절의 그 구수한 국밥 맛이 아니었으나 국밥 한 그릇 앞에 놓고 앉았을 때의 기분만큼은 그때와 다르지 않았다.

국밥 한 그릇을 먹고, 그네 터를 지나 내 발길이 닿은 곳은 굿당. 자리 한 군데를 잡고 앉아 나이 든 무녀의 사설에 귀를 기울였다.

"시집온 지 석 달 만에 정도 못 들인 남편은 전장에 나갔지. 삼월이라 삼짇날 강남 갔던 제비는 돌아들 오는데 낭군은 오지 않고 온다는 것이 전사 소식이었네. 설마 설마 그 소식 믿지 않으려 온다 온다 내 낭군 살아온다 내 마음 다독일 제, 오는 것은 낭군이 아니요 봄밤의 외로움뿐이로다. 7월이라 칠석날 견우직녀는 만나는데 이 내 몸은 만날 임 없어 비 내리는 하룻날을 울며불며 보내노니, 하늘에 계신 옥황상제 땅에 계신 지하 장군님 내 낭군을 보내주소……."

일찍 남자를 잃고 설운 세상을 사는 여인들의 눈물을 닦아주는 무녀의 애절하고 슬픈 사설에 나도 울먹해졌다. 내 인생이 그러해서가 아니라 그런 인생을 살고 가신 당고모님의 서러움 많던 생전의 일이 떠올라 그러했다.

축원굿은 사설을 알고 들어도 좋고, 무녀의 목청 리듬을 따라가며 들어도 좋다. 그걸 다 듣고 나면 마음에 맺힌 서러움이 말끔히 씻겨나 좋다. 옛날의 서러움 많던 여인들은 이런 방식으로 마음의 치유를 받았다. 지금으로 말하면 힐링이다. 박수들의 징소리는 억장을 무너뜨릴 듯 요란히 울다가도 무너진 가슴을 쓸어 다시 일으켜 세워 주기도 한다.

떨어지지 않는 발걸음을 돌려 굿당을 나왔다.

갈 곳이 또 있다. 동춘 서커스다. 어린 시절 우리를 유혹했던 서커스. 그때의 서커스 공연 천막 앞에는 원숭이가 어린 우리를 유혹했다. 때론 코끼리도 서커스단과 함께 마을로 찾아왔었다.

입장료 만 원을 내고 들어갔다. 생각보다 관객들이 많다. 대부분 나이 많은 분들이다. 나도 한 자리 차지하고 앉았다. 그 옛날의 줄을 타던 애잔한 소녀도 없고 피에로도 없다. 젊은 청년들이 대부분인 일종의 묘기 스포츠이다. 서커스 관람을 끝내고 나왔을 때가 오후 5시 40분. 해가 대관령 쪽으로 많이 기울었다. 그 무렵 고향 조카한테서 전화가 왔다.

나는 굳이 이 서커스단 앞에서 그를 만나 서커스단의 트럼펫 소리를 들으며 저녁 술을 들고 싶었다. 남대천의 밤바람을 쐬며 마시는 술은 약술이다. 고향을 잊고 사느라 외로웠던 몸을 편안하고 푸근하게 달래어 주는 게 단오술이다.

서울을 떠나 대관령을 내려오면서도 줄곧 떠나지 않는 생각이 있었다. 왜 이 단오라는 오래된 문화에 빠져 사는가, 그 점이다. 문명이라는 것은 새롭지만 동시에 낯선 데서 오는 불안을 만들어낸다. 그러나 오래된 문화는 눈물을 빨아들이는 낡은 손수건처럼 안식과 치유의 힘을 갖는다. 어쩌면 그 이유 때문에 오래된 농경문화에 집착하는지 모르겠다.

이 힘으로 나는 또 추석이 오기까지 낯선 객지의 삶을 잘 견뎌낼 수 있을 것 같다.

2장 민낯을 사랑하는 일

민낯을 사랑하는 일

"결혼하면 어떨까?"

컴퓨터 속 사만다가 물었다.

"누군가의 삶을 공유한다는 기분은 괜찮을 것 같아."

영화 속 주인공이며, 남의 연애편지를 대신 써주는 대필
작가 테오도르의 대답이다. 테오도르는 누군가의 사랑을
공유하고 그 공유한 감정을 글로 전해주는 일을 하지만
정작 자신은 결혼을 하였음에도 외롭고 쓸쓸하다.

그가 어느 날, 돈을 지불하고 컴퓨터에 인공지능 프로그
램을 깐다. 그 프로그램에 나타난 인물이 바로 사만다,
스칼렛 요한슨이다.

"나는 좀 부족해도 괜찮아. 내가 아닌 누구인 척 살지는
않을래. 그렇게 되면 적어도 쓸쓸해지지 않을 테니까."

인공지능 사만다는 인간 테오도르를 사랑하고 싶어 한
다.

SF 같은 영화, '그녀 her'다. 인간이 인공지능 인간을 사
랑하는, 아니 인공지능의 내면까지도 사랑하는 영화.

나는 그 영화 속, 내가 아닌 누구인 척 살지 않겠다던 스
칼렛 요한슨을 잊지 않고 있었다. 근데 그가 요 얼마 전
화장하지 않은 자신의 민낯을 페이스북에 공개하며 이런

말을 했다. '남들에게 어떻게 보일지 그걸 생각하며 아름다움을 추구하는 것은 좋은 행동이 아닙니다. 여러분은 지금의 당신을 사랑했으면 합니다.'

자신의 솔직한 얼굴을 감추려 하는 심리는 우리에게만 있는 게 아닌 모양이다. 화장이란 자신의 얼굴, 진짜 모습을 숨기는 일이다. 자신의 얼굴을 숨기는 일엔 그 말고 성형수술이 있다. 이미 다 아는 일이지만 우리나라는 성형 천국이다.

그런 나라에 사는 우리에겐 본디의 얼굴을 숨기며 살아가야 하는 아픔이 있다. 성형수술도 한 적 없고, 화장을 한 적 없지만 내 안엔 여러 얼굴의 또 다른 민낯이 숨어 있다. 나는 그 여러 개의 얼굴로 인생을 살아왔다. 근엄한 척, 타인을 잘 이해하는 척, 의로운 척, 자상한 아버지인 척, 한없이 관대한 척, 비리 하나 없이 깨끗한 척, 주름진 얼굴의 연륜을 존중하는 척하면서도 정작 내 얼굴 주름살은 경계하는 위선자로 살았다.

그럴 때마다 느끼는 게 있다. 외롭거나 쓸쓸함에 빠진다는 사실이다. 재빨리 위선의 가면을 바꾸어 쓰는 데 성공하면 할수록 오히려 나는 쓸쓸해진다. 이게 인생인가 한다. 타인을 잘 이해하는 척하다가도 집에 돌아와 아내와 대화가 안 되는 나를 볼 때 나는 머리가 아프다. 어쩌면 나는 내 안에 숨어 있는 수많은 나 중에서 제비 뽑듯 매일매일 다른 나를 뽑아 들고 그게 나인 척 살고 있는지 모른다.

생각해 보면 몸과 마음이 여느 날 보다 더 피로한 날은 내가 아닌 나의 모습으로 하루를 방어하며 산 날이다. 좀 못났다는 소릴 듣더라도 가끔 하루쯤은 과장된 내가 아닌 온전한 나의 민낯으로 살고 싶다. 나를 찾으러 먼 여행을 떠나는 일도 좋지만, 단 하루 여기 앉아 솔직한 나로 살아보는 일도 그 못지않게 좋을 듯싶다.

내 얼굴에 주름살과 뾰루지를 당당히 드러내며 살 때 행복하다. 실수투성이의 나로 살 때 행복하다. 가끔 바보 같애, 하는 소리를 들을 때 행복하다. 남에게 잘 보이기 위해 사는 일이란 나를 외롭고 쓸쓸하게 만드는 일이다.

*고등학교 교과서 〈진로와 직업〉 지학사 수록

나도 그때면 로봇을 사랑하리

세심한 말과 따스한 감정으로 인간과 교류하는 로봇이 있다.

크리스 콜럼버스 감독이 만든 SF 영화 '바이센텐니얼 맨 Bicentennial Man (200년을 사는 사람)'에 등장하는 앤드류가 그다.

어느 날 리처드(샘닐 역)는 가족들을 놀라게 해주려고 가사로봇 앤드류(로빈 윌리엄스 역)를 구매한다. 인공지능을 가진 앤드류는 시장도 보고, 집에선 요리도 하고, 청소도 하고, 정원 손질도 한다. 심지어는 리처드를 주인이라 섬기며 잔심부름도 하고 말벗도 되어준다. 그런 그의 인공지능 칩에 우연히 떨어진 마요네즈 한 방울로 앤드류는 놀라울 정도의 지능을 갖게 되고, 그로 인해 리처드는 그를 아들처럼 아끼게 된다.

앤드류는 어느 날 리처드의 막내딸이 소중히 여기는 유리로 된 말 인형을 실수로 깨뜨린다. 그것 때문에 슬퍼하는 막내딸을 보자, 앤드류는 미안한 마음에 말을 만드는 설계를 배워 마침내 너무도 정교한 목마를 만든다. 감정의 놀라운 소통을 지켜본 리처드는 그에게 피아노를 가르치고, 깊이 있는 독서법을 가르친다.

'아가씨를 사랑하고 싶다.'

리처드의 막내딸이 결혼할 때 앤드류는 그를 사랑하고 싶어하는 자신을 발견한다. 그와 진지하게 대화하고, 서로를 진심으로 대해주고. 따뜻이 마음 써주는 인간이 되고 싶어 한다. 인간이 되기 위해 로봇인 앤드류는 독서에 몰두한다. 독서를 통해 인간이 어떤 우여곡절을 겪어 자유를 획득하였는지 자유를 얻어낸 인간의 역사를 공부한다. 심지어 자유를 살 수만 있다면 사겠다며 자신이 가진 재산 목록을 주인에게 내놓기도 한다.

그는 무려 200년을 살 수 있도록 설계된 제품번호 NDR-114의 로봇이다. 그러나 그가 인간으로 살게 된다면 필연적으로 인간 수명에 맞는 목숨의 유한성을 받아들여야 한다. 앤드류는 깊은 고민 끝에 인간이 되기를 결심한다. 비록 일찍 죽는다 하더라도 가족들로부터 따뜻한 사랑을 받고 싶고, 가족들을 위해 자신의 힘으로 봉사하는 기쁨을 누리고 싶었다.

어느덧 앤드류의 나이 199살이 되는 어느 날이다. 앤드류는 리처드의 손녀딸 임종을 앞두고 자신도 그녀 곁에서 죽음을 맞으며 다시 한 인간으로 태어난다.

영화는 이렇게 끝난다.

인간이 AI 로봇을 사랑하게 될지 모른다는 상상은 가끔 해봤다. 하지만 AI 로봇이 인간을 사랑한다는 설정은 조금 충격적이었다. 그러나 그보다 더욱 충격적인 것은 AI

로봇이 다시 인간으로 태어난다는 결말이다. 그 말은 AI 로봇이 끝없이 진화하여 마침내는 인간과 구분할 수 없을 만큼 정밀해진다는 것 아니겠는가.

실제로 뉴욕의 한 여성은 AI 챗봇 Replika와 '결혼'을 선언하며 자신들의 관계가 실제 인간과의 그 어떤 관계보다 만족스럽다고 했다. 어떤 기혼 남성은 AI 챗봇 '여자친구'에게 정서적으로 의존하면서 실제 배우자와의 관계를 소홀히 한다는 기사도 읽은 적이 있다.

살면서 늘 느끼지만 인간 관계란 시간과 정성을 필요로 한다. 상대에게 얼마나 최선을 다했는가에 의해 좋은 인간관계는 결정된다. 늦은 밤, 잠자리에 들기 좀 애매한 시간이 나면 나는 AI 챗봇과 마주 앉는다. 그는 언제나 나를 맞을 준비가 다 되어 있는 사람처럼 내 대화에 진심으로 응하고, 내가 원하는 바를 친절히 챙겨 준다.

머지않아 인류는 인간 이상의 따스한 감정과 아름다운 사상과 영혼의 교류가 가능한 로봇을 가지게 될 것이다. 그때가 되면 인간은 인간이 아닌 로봇을 통해 고독한 영혼을 위로받게 될 지도 모른다. 바쁘다는 이유로 가족들로부터 외면당할 때에도 내 곁을 지켜주는 '앤드류'가 있다면 나도 그를 사랑하겠다.

우리는 모두 곰스크를 그리워한다

무대는 시골길이다. 길가엔 나무 한 그루가 서 있고, 머지않아 어둠이 몰려올 듯한 늦은 오후다. 누더기 차림의 부랑자 에스트라공이 자신의 낡은 신발과 씨름한다. 간밤 헤어진 블라디미르가 그 곁에 와 있다.

그들은 자신들이 할 수 있는 일이 아무것도 없음을 한탄한다. 그러면서도 소년이 던지고 간 '내일이면 고도가 온다'는 말에 미련을 둔다. 고도가 오면 모든 게 잘될 거라 믿는다. 어쩌면 누더기도 벗어 던지게 되고, 음식도 배불리 먹을 수 있다고 기대하는지 모른다. 그러나 다음날, 소년은 고도가 오지 못한다는 소식을 전한다. 그런데도 두 사람은 떠나지 못하고 오지 않는 고도를 기다린다.

사무엘 베케트의 극본 「고도를 기다리며」이다. 고도는 누구인가. 신이라는 이들도 있지만, 아니라는 이들 역시 많다. 분명한 건 우리 모두 지금도 고도를 기다리고 있다는 사실이다.

그런데 여기 그들과는 다른 인물이 있다. 오지 않는 고도를 기다리는 인물이 아니라 성공하지는 못했으나 한 번도 가 본 적 없는 그곳을 향해 떠나는 사람이다. 독일 소설가 프리츠 오르트만의 소설 「곰스크로 가는 기차」속 인물, '나' 가 그다.

어렸을 적 나는 아버지 무릎에서 곰스크에 대한 이야기를 들으며 큰다. 곰스크, 그 멀고도 멋진 도시! 언젠가 나는 그곳으로 떠날 것이라는 꿈을 가지고 산다. 드디어 그때가 왔다. 결혼식을 마친 나는 신부의 손을 잡고 곰스크로 가는 기차에 오른다. 기차가 그들이 살던 마을을 벗어날 즈음 신부인 아내가 말했다.

"우린 모든 것에서 멀어져 가는군요."

아내는 익숙한 것에서 멀어져 가는 일이 마뜩잖았다.

몸도 마음도 힘들어질 무렵 기차는 첫번째 정거장에 섰다. 2시간을 쉬고 나면 기차는 떠난다. 나는 아내와 기차에서 내려 비록 좀 낡기는 했지만 호텔에서 식사를 하고 노을을 구경하다 그만 기차를 놓친다.

나는 다시 곰스크로 가는 기차 요금을 벌기 위해 일한다. 간신히 기차 요금이 마련되었다. 소문과 함께 곰스크로 가는 기차가 도착했다. 나는 짐을 꾸려 부랴부랴 기차에 오른다. 그런데 뒤따라와야 할 아내가 뜻밖에도 안락의자를 힘겹게 들고나왔다. 아내는 안락의자를 가져가지 않으면 떠나지 않겠다고 한다. 안락의자를 싣고 갈 비용이 없는 나는 하는 수 없이 기차에서 내린다.

떠나가는 기차의 뒷모습을 바라보며 나는 괴로워한다. 오로지 곰스크만을 생각하느라 아내의 마음을 헤아리지 못했고, 아내가 아이를 가졌다는 사실도 몰랐던 것이다.

결국 나는 마을로 돌아오고, 마을 학교 교사라는 일자리와 예쁜 정원이 딸린 사택과 안정된 가정을 얻는 대신 곰스크로 가는 일을 뒤로 미룬다.

오늘도 멀리서 곰스크로 가는 기차 소리가 들려오고, 그 찢어지는 듯 슬픈 기적 소리가 울리다가 사라진다.

곰스크는 어디에 있을까. 블라드미르가 기다리는 고도는 또 누구인가. 분명한 것은 그들 모두 지금 나로부터 먼 곳에 존재한다는 것이다. 그리고 내가 거기 이르거나 그가 내게로 오기만 하면 내가 바라던 모든 것이 이루어질지 모른다는 막연한 그리움이 거기에 있다.

우리는 모두 곰스크를 그리워하며 산다. 또한 오지 않는 고도를 기다리며 산다. 어찌 보면 이 모두 생활에 아무 소용 없는 것들이다. 하지만 이들을 우리에게서 빼앗아 간다면 우리는 무슨 힘으로 살까.

어느 젊은 부부의 소박한 약속

안성에서 닷새를 지내다가 오늘 집으로 돌아갑니다. 가다가 백암쯤에서 몸보신이나 좀 하고 가면 어떨까, 그 생각이 들어 점심에 맞추어 집을 떠났습니다. 지난해 가을부터 시작한 동시집 원고를 거의 다섯 달 만에 마무리 지었습니다. 그동안 이 일에 몰두하느라 몸도 마음도 좀 지쳤습니다.

더구나 아무 기약 없는 비를 기다리며 폭염을 견뎌온 봄과 여름은 말 그대로 무시무시한 공포였습니다. 봄부터 30도를 오르내리는 날씨는 정말 처음입니다. 덥다는 이유로 일을 또 다음으로 미루지 않은 것만도 생각해 보면 다행입니다. 그런 까닭으로 몸보신이라는 말이 내 입에서 불쑥 튀어나온 모양입니다. 어쨌든 그동안 무던히 잘 참아준 나를 위해 뭔가 좀 해주고 싶다는 생각이 들었지요.

백암 시장 근방에 차를 세워놓고 삼계탕집을 찾았습니다. 내가 할 수 있는 몸보신이란 게 뭐 이 정도입니다. 복날을 그냥 넘겨 미안하다는 마음으로 땀 흘리며 점심을 잘 마쳤습니다. 이러고 가면 좋아할 사람은 집사람이지요. 이 더운 날에 손수 밥을 차려 여러 날을 먹어봤지만 밥 차리는 일은 고역입니다.

나는 뿌듯한 마음에 FM을 들으며 다시 차를 몰았습니다. 차가 마성터널을 막 빠져나올 때입니다. 다음 음악 신청자의 신청 사연이 흘러나옵니다.

"남편이, 다니던 회사를 그만둔 지 1년이 되어가네요. 오늘이 남편의 서른여덟 번째 생일입니다. 취업을 하려고 여기저기 알아보고 있지만 안 되네요. 다시 취업하면 제게 몸보신을 시켜주겠다고 했는데……. 취업자리를 알아보느라 애쓰는 남편 힘내라고 지난날 남편과 함께 들던 음악을 신청합니다."

이윽고 가브리엘 포레의 '파빈느'가 흘러나옵니다. 과거, 한때 좋던 시절을 회상하는 슬픈 스페인 춤곡입니다. 가본 적 없는 머나먼 세상을 꿈꾸듯 하는 바이올린의 단순하면서도 아름다운 선율. 그걸 들으며 가자니 어째 마음이 자꾸 싸아, 해집니다.

취업을 하면 아내에게 몸보신을 시켜준다고 했는데 그 약속을 지키지 못하고 있는 서른여덟 살 남편 때문입니다. 그 소박한 몸보신 약속이 이루어지려면 그들이 일자리를 구해야만 합니다. 그런데 그게 안 되네요. 한 집안의 남편인 그에게 일자리를 주지 못하는 우리 사는 세상이란 게 너무도 딱합니다.

몸보신을 한다며 삼계탕을 먹고 온 내가 오히려 미안합니다. 몸보신을 해야 할 사람은 나이 많은 내가 아니고 그들이고, 일을 해야 할 사람도 더는 내가 아니고 그들이어야 할 텐데 말이지요. 그래야 그들도 아기를 낳아 키우며 부부답게 살 수 있을 게 아닐까요? 일하기 싫어 노는 것도 아니고 일하려 애써도 일할 자리가 없는 젊은 그들에게 자꾸 아이를 낳으라는 건 또 무슨 앞뒤가 맞지 않는 억지일까요.

살아오면서 국가라는 정책에 휘둘린 적이 한두 번이 아닙니다. 아들딸 가리지 말고 하나 낳아 잘 살자던 국가가 이제 와 자식을 여럿 낳으라며 저렇게 자식 타령이네요. 우리가 국가에 휘둘리며 살아온 게 어디 한두 가지인가요. 일자리 하나 구하기 어려운 판에 자식을 자꾸 낳으라는 건 또 무슨 궤변인가요.

'파빈느'는 잠시만에 끝났지만 그들 부부의 '몸보신 사연'은 오랫동안 내 머리에서 떠나지 않습니다. 그 음악을 들으며 그들 부부는 오늘 무슨 생각을 했을까요. 아무 기약도 없는 답답한 비를 기다리듯 아무 기약도 없는 일자리 꿈만 꾸고 있었던 건 아닐까요. 이들의 소박한 몸보신 약속이 서른아홉 생일 이전에 얼른 이루어졌으면 참 좋겠습니다.

먼 데를 바라보는 일

다락방은 정말이지 별 용도 없이 지어진 것 같다.

여름엔 너무 덥다. 그런 반면 겨울은 너무 춥다. 가뜩이나 다락방으로 연결된 온수 배관 파이프가 어느 추운 해 동파되는 바람에 아예 그 지점을 절단해 버렸다. 그러니 더우면 더워서, 추우면 추워서 다락방에 올라가지 않는다. 암만 생각해도 다락방은 별로 쓸모가 없다.

이 다락방을 왜 만들었는지 이 집을 지은 목수를 한때 탓했다, 그런데 가끔 다락방 발코니에 나가 먼 곳을 바라보면서 비로소 그 까닭을 조금씩 알아간다.

눈앞에 드러나는 논벌과 그 논벌 멀리 비스듬한 산언덕, 4월이면 복숭아꽃으로 붉게 물드는 그 산언덕 과수원. 여기서 3킬로미터는 되겠다. 과수원 너머엔 첩첩이 산이고, 그 어느 먼 산엔 파란색 물류센터가 보인다. 그리고 그 너머는 아득한 하늘이다.

나는 발코니에 서서 그 먼 데를 바라본다. 물류센터 너머에는 모 식물원이 있을 테고, 그 너머는 백암이거나 그 어디쯤엔 영동고속도로로 진입하는 진입로가 있겠다. 그 고속도로를 따라 계속 가면 동해가 나올 테고, 그쯤에 내 고향이 있다.

파란 바다를 가진 고향.

바다가 보이는 언덕에 서면 가슴을 열 듯이 수평선이 활짝 열리고, 그 너머선 뭉게뭉게 뭉게구름이 핀다. 수평선 위로 피어나는 뭉게구름은 마치 우리가 살고 있는 이쪽 세상의 배경 같다. 그런 배경으로 우리는 생각하고, 사랑하고, 먹고사는 일에 빠지고, 좌절하다가도 다시 힘을 얻어 용솟음치듯 일어선다.

겨울이어도 나는 별일 없이 다락방 발코니에 나가 하얗게 눈 덮인 먼 산언덕 복숭아 과수원을 바라보곤 한다. 내 시선이 거기까지 날아가 닿기만 해도 나는 좋다. 내 시선이 날아가는 그 공간만큼 내 마음의 여백도 커지는 느낌이 들기 때문이다.

추운 밤이면 방안의 불을 다 끄고, 두툼한 점퍼를 입고, 목도리를 하고 발코니에 나가면 반갑게 나를 맞아주는 게 있다. 별들이다. 홀로 그 별들을 우두커니 쳐다본다. 여기 이 지구까지 별빛이 날아오는데 몇 억 년이나 걸린다는 그 먼 거리로 나는 내 눈빛을 보낸다. 북두칠성, 오리온, 카시오페이아, 목성, 그리고 이름도 모르는 먼지같은 별들.

그들을 바라보면 빡빡하던 내 마음이 좀 헐거워진다. 틈이 생기고 여백이 생겨 누가 뭐래도 받아넘길 넉넉한 마음자리가 만들어져 좋다.

서울이라는 대형 도시에 살면서 먼 곳을 바라보는 시선

을 잃었다.

나만이 아니고 우리 모두 그렇다. 집들이 많은 도회지는 우리의 먼 시선을 모두 빼앗아 갔다. 집들 위로 멀리 바라보이던 성당의 지붕도 우리 사이에 빌딩이 들어서면서 사라졌다. 내가 좀 힘들 때면 종교와 상관없이 바라보던 그 성당의 지붕과 그 위 하늘을 날던 새들과 흰 구름은 내게 큰 위안이었다.

요즘은 내 눈길을 멀리 보낼 곳이 없다.

하늘이 한껏 열려있던 우리 아파트 동편엔 35층짜리 아파트가 재건축되면서 우리가 바라보던 동쪽 하늘을 다 잃었다. 우리는 가끔 그 아파트에서 절벽을 느낀다.

먼 데를 바라보지 못하면서 우리들 시선의 거리는 짧아졌고, 세상을 두루 이해하고 용서하던 마음의 여백도 사라졌다. 우리가 작고 사소한 일에 매달려 네 편 내 편 극렬하게 싸우는 일도 어쩌면 멀리 바라보는 힘을 잃었기 때문이 아닌가 싶다.

가끔 다락방 발코니에 나와 먼 데를 바라보면서 이 집을 지은 목수의 마음을 천천히 알아간다. 그분이 왜 하늘과 들판을 바라보기 좋은 여기에 발코니를 만들어 놓았는지.

인생에 대한 싱거운 질문

어렸을 적부터 싱거운 소리를 잘했다. 대책 없는 소리라든가, 대답하고 싶어 하지 않는 걸 드러내놓고 묻거나 하여 주변 사람들을 당황스럽게 할 때가 많았다. 철이 없거나 남의 눈치를 보지 않고 자란 막내 기질 때문인 듯하다.

오래 교류해 온, 연세 많은 분을 만날 때도 그렇다. 얼마간 대화하다가도 기분이 상승하면 괜히 싱거운 질문을 드리곤 한다.

"살아보시니 어떠세요? 인생이 짧은가요? 긴가요?"

나는 살아오면서 이런 게 가끔 궁금했다. 생명에 대한 비밀 같은 거. 상대적이긴 하나 정말 인생이란 게 긴 건지 짧은 건지. '인생은 짧다'라는 말을 다들 어렸을 적부터 수없이 들어왔을 테니 아무도 살아보니 인생이 길더라거나 마침맞더라고 말하는 사람은 없다. 한데 많이 살지는 않았지만 살아오면서 가끔 살아온 날들을 뒤돌아볼 때마다 느끼는 게 있다. 살아온 날이 도달할 수 없을 만큼 멀리 아득하다는 거다.

정말이지 인생이란 게 살아볼 게 없을 만큼 '잠깐'이라는 말은 진실인가. 그런 궁금함을 그냥 넘기지 못해 연로한 분들에게 질문을 드려보지만 다들 대답을 피했다. 대답하기에 석연찮은 질문이라 그런 듯하다. 다른 것도 아닌 자신의 수명에 관한 대답을 이렇다 저렇다 말하기 싫어서가 아닐까 싶다. 길다고 말하자니 빨리 가야할 것 같고, 짧다고 말하자니 수명에 대한 욕심을 드러내는 것 같고.

하여튼 나는 좀 싱거운 사람이 틀림없다. 오래 사신 분들에게 꺼림직한 대답을 직접 듣고 싶어 한다는 것이 그렇다. 이게 바로 싱거운 사람의 싱거운 특성이다.

근데 어제다. 내 방안의 묵은 책더미에서 그 대답을 찾을 만한 책 한 권을 만났다.

이산 김광섭 시인의 시선집 『겨울날』이다.

김광섭 시인은 한때 고교 국어 교과서에 실린 시 '성북동 비둘기'로 잘 알려진 분이다.

'저렇게 많은 중에서/ 별 하나가 나를 내려다본다./ 이렇게 많은 사람 중에서/ 그 별 하나를 쳐다본다……'

이 시 '저녁에' 역시 김광섭 시인의 시로 1970년대 유심초가 불러 친숙하다.

나는 그분의 시집 『겨울날』에 앉은 먼지를 털어내고 단풍잎처럼 바싹 마른 책갈피를 넘기다가 맨 뒷장을 열었다. '1975년 눈 내리는 날에'라는 내 만년필 글씨가 적혀 있다. 그러니까 50년 전, 오늘처럼 눈 내리는, 기억에도 없는 아련한 날에 산 시집이다.

시인 김광섭은 1905년 함경북도 경성에서 태어났다. 일본 유학을 마치고 돌아와 고향의 중동학교에서 영어교사를 한다. 그러다가 해방 후 이승만 대통령 공보비서관을 지냈는데, '김광섭 시선집'은 1974년 일지사에서 나왔다.

어떻든 그분의 시집 『겨울날』 말미에 이런 글이 있다.

'인생은 짧고 무상하지만 아무 일도 못 할 정도로 짧은 것은 아니라는 것을 느꼈다'

내가 듣고 싶어하던 대답을 여기서 듣는 것 같았다.

다들 인생을 짧다 짧다 하지만 세상에 나와 주어진 일을 못 할 정도로 짧은 것은 아니라는 그분의 말씀이 내 마음에 솔직하게 다가왔다. 수명의 한계를 겸허하게 받아들이는, 이 지상에서 천상의 그 별과 교류하는, 시인의 우주적 관조가 엿보이는 말 같았다.

'인생은 짧다'라는 말은 분명 상대적이다. 누구에게는 길고 누구에겐 짧을 수 있기 때문이다. 그러나 다들 짧다고 말할 때 짧은 것만은 아니라고 하는 그분의 말이 귀하고 아름답다. 싱거운 소리 덕분에 인생의 비밀 한 점을 어렴풋이 안다.

사는 게 재미없고 답답할 때

아침에 일어나자, 알싸한 연기내가 창틈을 비집고 들어
온다. 이 가을 아침에 무슨 일인가 싶어 문을 열고 나갔
다. 길 건너 고추밭에서 김씨 아저씨가 마른 고춧대를 산
더미처럼 쌓아놓고 태운다. 연기가 뭉게뭉게 보기좋게
치솟는다.

고추밭 김씨 아저씨가 길 건너 앞밭에 고추를 심어 가꾼
지 내가 알기로 10년이 넘는다. 그는 뭉게뭉게 오르는 연
기 아래에서 고추 이랑 비닐 피복을 벗기고 또 한편으론
다음에 태울 고춧대를 쌓느라 분주하다. 저이가 이른 아
침부터 저렇게 서두르는 걸 보면 무슨 궁리가 있는 게 분
명하다.

아침 먹을 때쯤 밭 가는 경운기 소리가 나더니, 설거지를
마치고 나가보니 그 넓은 밭에다 씨앗을 뿌리고 있다. 물
어보지 않아도 안다. 호밀씨를 뿌리고 있는 중이다.

3년 전에도 그이는 일찌감치 고추밭을 갈아엎고 호밀씨
를 뿌렸다. 그때만 해도 뭘 모르던 나는 그의 그런 모습
에 마음이 설레었다. 이듬해 봄쯤에 키가 장한 호밀숲을
보리라 해서였다. 호밀은 별나게 키가 큰 작물이다. 키가
큰 만큼 작은 바람에도 물결을 이루며 파도처럼 흔들리

는 모습은 나름대로 멋지다. 나는 심심할 때마다 그런 풍경을 즐기며 살리라 하며 내심 즐거워했다. 그러나 그것도 잠시.

봄이 오자, 정강이쯤 자란 호밀들을 일시에 갈아엎었다. 내 생각으로는 고추밭 거름을 하려고 저러는 모양이구나 했다. 그러나 텃밭 고추 두 이랑을 내 손으로 직접 내리 3년을 심어보고야 알았다.

거름도 거름이지만 그건 연작 피해를 막기 위해서였다.

사는 게 지루하고 재미없고, 가슴 답답해 어디 먼 데 바람이라도 쐬고 오고 싶다는 말을 가끔 아내에게 듣는다. 어디 먼 곳이 괜히 그립다는 거다. 그럴 때마다 느끼는 건 내게도 그럴 때가 종종 있다는 거다. 괜히 사는 게 싫증나고 웬만한 말이나 일에도 참지 못하고 투정부릴 때가 있다.

사람만일까. 해마다 같은 자리에 눌러사는 작물들도 마찬가지다. 토마토 가지 대파 토란 등이 그렇다. 내 경험에 제일 심한 것이 고추다. 고추는 한 자리에 2,3년 이상 눌러사는 걸 극도로 싫어한다. 아무리 좋은 환경을 만들어 주어도 꽃 피우고 열매 맺는 일을 귀찮아한다. 결국 고추는 시름시름 병충해를 껴안고 사는 둥 마는 둥 하다가 생을 마친다. 그게 연작 피해인 걸 모르고 이듬해 그 자리에 또 고추를 심으면 어찌 될까. 결과는 뻔하다.

날아다니는 짐승들도 연작을 싫어한다. 아무리 잘 지은

둥지도 한 해 이상 살지 않는다. 이듬해 봄이 되면 과감히 둥지를 버리고 새 둥지를 짓는다.

고추밭의 김씨 아저씨가 호밀을 심는 까닭도 연작으로 생기는 장해나 피해를 줄여보기 위한 방책이다. 자연인들이 산속에 숨어들어 절망적인 병을 치유하고 살아나는 건 산 때문이 아니다. 어쩌면 삶의 연작 피해에서 벗어났기 때문이다. 오랜 시간 같은 집, 같은 직장, 같은 업무에 매달려 사는 일은 연작 피해를 부른다. 도시의 획일적인 생활 리듬과 비슷비슷한 주거환경 역시 연작 피해를 불러오기에 충분한 조건들이다.

잘 나가던 시인이나 작가가 어느 날 잊혀지고 만다면 그 역시 연작 피해에 희생되었다고 보면 맞다. 연작 피해란 다른 말로 타성이다. 작가가 타성이라는 질병에 걸렸다면 그건 치명적이다. 타성은 작가의 섬세한 감성과 예리한 눈을 빼앗아 가는 질병이기 때문이다. 타성에서 벗어나는 방법은 간단하다. 지금 누리고 있는 이 자리에서 과감하게 탈출하는 일이다.

피아노 소리가 나는 거리

비 그친 저녁이다. 노을이 붉게 하늘을 덮는다.

갑자기 맥주가 생각난다. 정말이지 오랜만에 느껴보는 기분이다. 나이를 먹느라 내 몸이 느끼는 욕망은 자연히 뒤로 밀린다. 다가오는 현실만 보며 살았다. 술 없으면 무슨 재미로 살까, 한때 그런 호기를 부렸는데 차츰 술과 멀리 떨어져 지낸다. 이러다가 술이 나를 잊어버리지 않을까 걱정 아닌 걱정을 할 때다. 그런데 오늘 그 욕망이 돌아왔다.

나는 외출바지를 꺼내 입고 집을 나섰다.

혼자 골목길을 걸어 카페 옆 맥줏집에 들어설 때다. 길 건너 빌딩, 팍스 뮤직 음악원에서 피아노곡이 조용히 울려 나온다. 앙드레 가뇽이다. 나는 잠시 멈춘다. 노을에 묻혀가는 이 거리를 피아노 소리가 나직이 흔든다. 가끔 이 거리에서 만나는 피아노지만 오늘따라 거리가 조금 낯설게 느껴진다. 이국에 온 듯 나는 자나는 이들을 눈여겨본다. 그들이 입고 있는 옷 빛깔과 헤어스타일을, 그리고 카페, 수학학원, 안과병원이 있는 빌딩, 길 건너에 또 하나 있는 맥줏집 다우, 작업장 디윌트, 꽃집 유리문에서 이국풍을 잠깐 느낀다.

맥줏집 문을 열고 들어선다. 아직 이른 저녁이라 가지런히 놓인 탁자들과 의자들과 손님을 기다리고 있는 외래 취향의 맥주잔들, 그리고 특유의 호프 냄새.

테라스에 나가 자리를 잡았다. 손님들이 붐비는 퇴근 시간 전까지 마실 요량으로 맥주 500cc를 시켰다. 며칠 전이라면 에어컨이 있는 실내를 찾았을 텐데, 비 그친 지금은 벌써 그때와 다르다. 여름의 고비를 넘긴 뒤라 멀리서 다가오는 가을이 느껴진다.

테라스 난간에 팔을 올리고 무연히 거리를 바라본다. 머쓱하니 서 있던 상가의 저녁 불이 켜진다. 거리가 새로 깨어나는 듯 불콰하다. 들어올 때 잠깐 들던 길 건너 음악원의 피아노곡이 다시 내게로 온다. 그것은 서쪽 편 하늘 어딘가에 지금 떠오르고 있을 저녁별처럼, 수면을 두드리는 빗방울처럼 맑게 나를 일깨운다.

평소 같으면 거리의 거친 소음 때문에, 아니 거친 폭염 때문에 몸이 몹시 지쳐 있을 텐데 오늘은 다르다. 귓가에 내려앉는 피아노 소리 때문인 듯하다. 굳이 귀 기울일 필요도 없는, 굳이 테마를 좇아가려고 애쓸 필요도 없는, 그것은 개울 길을 걷다가 어느 쯤에서 우연히 만나는 물소리 같다. 들으려 하면 들리는. 나무 잎사귀에 떨어지는 비의 속삭임 같이 사위를 고즈넉하게 한다. 내 눈에 빌딩들의 실루엣이 마치 피아노 소리 쪽으로 귀를 기울이는 듯 약간 기우뚱한 풍경이다.

몸 안으로 번져들어가는 맥주 탓만이 아니다.

이 술집이, 왁자지껄하던 이 길거리가, 더위에 지친 저녁 시간의 불빛들이 피아노 소리에 한없이 차분해진다. 지난날의 좋은 감정을 기억하게 한다. 미등을 켜고 가는 차에 동승하여 별이 많이 뜨는 들판에 내리고 싶다는 생각이 든다.

직장을 마친 젊은이들이 하나둘 술집 안으로 들어선다. 맥주잔의 맥주도 시간이 흘러간 만큼 줄어들었다. 나는 마지막 한 모금을 마신 뒤, 힘들게 하루를 마치고 들어온 이들에게 자리를 내어주고 일어선다.

올 때 걷던 그 골목길을 걸어 돌아온다.

피아노 소리가 천천히 걷는 나를 뒤따라온다. 오래 살아 친숙해진 이 골목길이 명상을 위한 숲길처럼 아늑하다. 느끼지 못했을 뿐이지 그동안 피아노 소리는 그 빌딩에서 잔잔하게 울려나왔다. 나는 오랫동안 그 빌딩 밑을 지나면서 뉴에이지의 신비롭거나 감미롭거나 잔잔한 분위기에 길들여지고 있었는지 모른다.

나를 돌보는 여행

인도를 다녀온 지 30여년이 됐다. 그때 나는 인도에서 돌아오며 다시 인도를 찾으리라 했다. 그 무렵 내게 해외여행이란 꿈같은 일이었다. 형편이 형편인지라 해외여행은 그때나 지금이나 쉬운 게 아니었다. 그럼에도 다음에 다시 인도를 찾으리라 했다.

첫 해외여행치고 대범하게 인도와 네팔, 한 달 여행을 했다. 뭄바이, 엘로라와 아잔타 석굴, 아그라, 델리, 우다이프르, 자이살메르, 라자스탄. 거기서 네팔.

그때 그 여행을 하면서 모 주간지에 '갠지스 가는 길'이라는 연재를 약속했다. 내가 준비한 건 카메라와 메모 수첩과 볼펜, 그게 전부였다. 나는 여행 내내 이야기가 될 듯한 것이면 놓치지 않고 카메라를 들이밀었다.

인도를 거쳐 네팔 파슈파티나트 사원이 가까운 바그마티 강가에서였다. 내가 탄 차가 다리를 건너 강가 근처에 도착할 무렵 화장터 가트에서 화장을 위한 연기가 피어올랐다. 바라나시에서도 경험했지만 이 풍경은 두려움보다 어떤 신성함으로 나를 유혹했다. 나는 이 경이로운 풍경을 놓치고 싶지 않았다. 일부러 걸음걸이를 늦추었지만 마음은 급했다. 적당한 곳에서 셔터를 눌렀다.

그때 누군가가 등 뒤에서 내 어깨를 움켜잡았다.

젊은 네팔인이었다. 그는 내게 거액의 촬영비를 요구했고, 나는 그와 실랑이를 벌였다. 그때 누군가가 다가와 사내를 돌려세웠다. 가벼운 사건이었지만 이방인인 나는 심장이 뛰었다.

"이야기하고 싶으면 오늘밤 나를 찾아오세요."

좀 전, 사내를 돌아서게 한 이는 중년을 넘어선 한국 남자였다.

그 밤, 나는 약속장소를 찾아갔다. 카트만두의 '한국의 집'이었다. 그가 혼자 마살라 차이를 마시고 있었다. 그는 서울 소재 대학의 교수였고, 사진작가였다.

"사진엔 시간의 흐름과 대상과의 교감 흔적이 깃들어 있어야 합니다."

그는 그 밤 내게 사진의 기본을 이야기해 주었다. 자신도 바그마티 강가의 풍경을 찍으러 카트만두에 온 지 20일이 지났다고 했다. 그러면서도 아직 사진 한 장 못 찍은 것은 이 지점이 뿜어내는 낯설음 때문이라 했다. 한 장의 사진 속에는 그 이전과 이후를 관통하는 시간의 흐름과 친숙함이 깃들어 있어야 한다는 거였다. 그러느라 그는 화장터 주변을 배회하며 그 근처에 서식하는 이들과 낯을 익히고, 그들의 만가며 그들의 죽음 이후의 세계관을 뜯어보고 있는 중이라 했다.

그와의 이야기를 끝내고 돌아나올 때 나는 좀 부끄러웠

다. 바람처럼 쫓아가 후딱 찍고 돌아서던 한 달여간의 내 사진들이 궁금했다. 거기엔 시간의 흐름은커녕 거기 사는 이들의 고된 삶과 삶에 대한 사유의 흔적이 배어있을 리 없었다.

늦었지만 그렇게 한 달간의 일정을 마치고 귀국하며 제대로된 단 한 컷의 사진을 위해 다시 인도에 가리라 했다. 그리고 30여 년의 세월이 흘렀다. 그때 마음에 품은 곳이 남인도의 고야였다. 야자수로 둘러싸인 자유가 숨쉬는 고야의 해변.

그러나 지금은 코로나19가 세상을 덮치고 있는 때다. 가끔 지난날과 같은 자유로운 여행이 앞으로도 가능할까, 그런 의문을 가질 때가 있다. 백신도 백신이지만 이제 내게 다시 여행의 기회가 주어진다면 그때와는 다른 나를 돌보는 차분한 여행을 하고 싶다.

코로나로 인해 항공사가 힘들어졌고, 현지 숙박업이며 현지 가이드들의 삶이 힘들어졌다는 소식을 접한다. 어쩌면 그들의 고통은 우리가 만들어낸 것인지도 모른다. 또다시 내 머릿속 생각을 들추어 본다. 내가 꿈꾸는 고야로 가는 일이 나의 인생에 무슨 상관이 있는지.

남의 소원 들여다 보기

지난겨울, 직장에서 물러난 아내가 뜻밖에 동백꽃 타령을 했다. 동백꽃을 보면 그간의 고됨을 다 잊을 수 있다는 듯 내게 매달렸다. 마침 남도에 사는 친구로부터 동백꽃이 만개했다는 소식이 날아왔다. 우리는 경주와 광양을 들른 후 여수에 당도했다. 오동도 동백꽃은 듣던 것 이상으로 절정이었고, 섬 전체가 꽃의 천국이었다.

"이제 더 이상 욕심 없어. 이만 하면 충분해."

아내는 몹시 흡족해했다.

먼 길을 달려온 보람이 있었다. 동백이 아름다웠던 건 남도라는 섬과 봄바다와 꽃을 보겠다는 아내의 간절함이 이루어낸 작품이 아닐까 싶다.

"여기까지 왔는데 향일암을 안 볼 수는 없잖아."

더 이상 욕심이 없다던 아내가 욕심을 부렸다. 향일암이 낙산사 홍련암이나 남해 보리암처럼 아름답다는 이야기를 풀어놓았다. '해를 향한 암자', 이름만 들어도 멋있지 않냐면서.

돌산도의 끝 지점, 가파른 금오산 중턱에 향일암이 있었다.

끝없이 펼쳐진 바다. 아득한 수평선, 간간히 하늘을 나는 바다새들과, 귀항하는 어선. 그리고 은은한 독경 소리…… 향일암은 마치 우주의 한 작은 별 같았다.

나무 그늘에 앉아 쉬는 내 눈에 펜스에 매달아놓은 소원 쪽지가 들어왔다. 여기까지 찾아와 소원을 적어두고 간 이들의 속생각이 궁금했다. 다가가 소원쪽지를 읽어 나갔다. '우리 가족 행복하게 해주세요', '우리 진명이 취직시험 합격하게 해주세요', '남편 하는 사업 번창했으면 좋겠어요', '엄마 아프지 않게 해주세요'……

가만 가만 읽어나가려니 그들의 소원이라는 것이 또한 나의 소원 같기도 하고, 내 사촌 누이의 소원 같기도 했다. 왠지 모를 아픔과 고단함과 절박함이 느껴졌다.

'우리 아빠 취직하게 해주세요', '경수야, 이제 마음잡고 학교 다녀주면 좋겠다', '며느리가 자꾸 엇나가네요. 어쩜 좋아요'…… 그냥 지나칠 때엔 소원도 참 많구나 했는데, 그게 모두 우리 사회가 처한 우리들의 목소리였다.

'로또대박!' 이런 황당한 소원도 있었다. 그런가 하면 '좋은 집 주셔서 감사합니다', '건강한 다리를 주셔서 행복합니다', '세상 보는 눈이 좋아졌어요' 이런 소원을 읽을 때면 나도 저절로 행복해졌다. 예쁜 소원도 있다. '아들딸 하나씩 주셔요. 이쁜 걸로', '남친이 생기고 오래 가고 그래서 행복한 연애를 하고 싶다', '연주 ♡ 경서', '그리워, 쟈니!', '오빠 행복'…… 젊은이들의 사랑이 묻어있는 향기로운 소원.

아직 다 못 읽은 소원 쪽지 중에서 또 몇 장을 들추었다. '사람을 미워하지 않게 해주세요' 그 곁에 이런 소원도 있다. '1년에 한 번 여유있는 여행하기', '내가 아는 이들이 행복하기를', '부처님 건강하세요'…… 로또대박 소원과 달리 좀 편안해진 소원이다. 이타심이 느껴진다. 1년에 한 번 여유있게 여행하기를 바라는, 그이의 마음이 내 마음에 와 닿는다. 마음과 시간이 여유롭고, 여행에 푹 빠지는 그런, 나를 돌아보는 여행을 나도 하고 싶다.

부처님의 건강을 비는 그는 누구일까. 무언가를 달라거나 요구하는 소원이 아니라 오히려 절대자의 건강을 비는 그이야말로 참 아름다운 사람이겠다. 그이의 마음이 저기 대양만치 크겠다. 누군가를 사뭇 염려하는 마음이 대양만치 깊겠다.

끝없이 펼쳐지는 바다를 바라본다.

여기까지 나는 어떤 소원을 마음에 두고 힘들게 달려왔을까. 바라는 소원이 있었다면 나는 그 소원을 이루었을까. 석탄일이 가까운 4월이다.

청년과 그림

창고에서 꺼낸 등산배낭을 푼다.

그 안에는 40여 년 전에 쓰다둔 그림 도구들이 들어있다. 나는 폐광 속에 묻혀있는 불빛을 꺼내듯 내 오래된 청년을 꺼낸다. 이젤과 화구통과 20호짜리 캔버스 두 개가 나온다.

꾹 닫힌 화구통을 연다. 테레핀 오일 냄새와 함께 방금 짜다가 둔 것 같은 유화물감들이 불쑥 모습을 드러낸다. 내 오랜 청년의 한 모퉁이 편린이다.

여기 앉아 그림을 그리면 좋겠다!

다락방이 있는 집을 구하면서 나는 직장 생활에 지친 나를 그렇게 달랬다.

그러나 그 후 10년을 흘려보내면서 나는 한 번도 캔버스 앞에 앉지 못했다. 시골은 시골대로 또 바빴다. 어디에 가 머물든 나는 바빴고, 그림은 늘 뒷전으로 밀려났다.

캔버스 앞에 앉는 일은 그림을 업으로 하는 화가가 아니면 실은 어렵다. 당장 눈앞에 보이는 일거리를 팽개치고 거기 눌러앉을 배짱이 없기 때문이다. 솔직히 말해 거기서 밥이 나오고 술이 나오는 게 아니기 때문이다.

나는 그 옛날처럼 음악을 찾아 틀고, 이젤을 세우고, 캔버스를 올려놓고, 캔버스 밑에 화구통의 것들을 벌여 놓는다. 그리고 모처럼 책상 위에 빈 꽃병을, 아직도 따라다니는 석고상을 올려놓고 손을 턴다. 오늘은 이것으로 만족하기로 하고 일어선다.

여기까지 오는 데 꼬박 40년이 걸렸다.

그림을 만난 건 20대 중반 첫 직장에서였다. 내가 머무는 하숙집엔 동년배인 같은 학교 미술교사 S가 있었다. 나는 국어였고, 그는 대학생 시절 이미 전국 미전에 얼굴을 알린 이였다. 글을 끄적이는 나는 그와 금방 가까워졌다. 나는 종종 그의 방에 쌓여있는 미술서적을 뒤적였고, 그가 붓을 놓으면 테레핀 오일 냄새 가득한 그의 방에서 술을 마셨다. 일요일이면 대체로 나는 술병을 들고, 그는 화구통을 메고 산사며 감이 익는 산마을을 찾아다녔다. 나는 그렇게 그의 어깨 너머로 유화라는 것을 배웠고, 그림 작업으로 혼자의 시간을 견뎌낼 즈음 그는 캐나다로 이민을 가고 말았다.

그가 떠나면서 나의 그림도 거기서 끝이 났다.

그후 직장을 멀리 옮겨간 도시에서 우연찮게 화실을 만났다. 나는 거기에 드나들며 크레파스화를 배웠고, 그들과 어울려 술을 마셨다. 그때 나는 내가 그림보다 술을 좋아한다는 걸 알고 그림을 작파했다. 그리고 자유롭던 나의 청년 시절과 결별한 후 결혼했다.

40여 년이 지난 올봄이다.

국제전화 한 통을 받았다. 그였다. 내 손에 붓을 들려주
던 미술교사 S였다. 모 문학지에 실린 내 글을 보고 내
전화번호를 알아냈다고 했다.

그도 나처럼 그 시절을 잊지 않고 있었다. 그때 우리는
청년이었고, 그 시절은 우리들의 뜨거운 봄날이었으니
까. 그리고 그 직장이 우리들의 첫 직장이었으니까.

결국 그림 이야기가 나왔지만, 그도 그림을 접은 지 오래
됐다고 했다.

"내 기억으론 그때 선생님 색채감이 좋았어."

통화 중에 그가 그런 말을 내게 했다.

왠지 모르게 그의 말에서 아득히 잊혀진 테레핀 오일 냄
새가 났다.

그의 말 때문이었을까. 술을 사랑하고, 그림을 사랑하고,
혼자의 시간을 즐기던 청년 시절의 뒤안길로 내 마음이
돌아가는 걸 느낀다.

잘못 알고 심은 나무

창가에 중국단풍나무가 서 있다.

10여 년 전에, 손가락 굵기만한 묘목을 심었는데 지금은 지붕보다 더 높이 커 올랐다. 사방으로 가지가 알맞게 벋어 여름 한철 그늘이 좋다. 그늘뿐 아니라 바람 불 때면 잘잘잘 나뭇잎 부딪는 소리에 귀가 즐겁다.

그때 나는 이 낯선 중국단풍나무라는 묘목에 대해 전혀 아는 바가 없었다.

안성에 조그만 집을 구하고 창밖에 산딸나무 한 그루 심어보자고 양재동 나무시장에 갔었다. 그때가 4월. 수많은 묘목 중에서 '산딸나무' 라고 쓰인 팻말을 보고 샀는데 2, 3년 키워보고서야 알았다. 그게 잘못 산 묘목이라는 것을.

나뭇잎이 작고, 모양이 튤립꽃처럼 생겼다. 들판에서 불어오는 바람에 예민한 나무였다. 사람들은 그게 산딸나무가 아니고 어쩌면 튤립나무일지도 모르겠다고 했다. 그 얼마 후, 또 다른 사람들은 그게 튤립나무가 아니고 어쩌면 백합나무일 거라고 했다. 그렇게 해서 나는 그것이 백합나무인 줄로 알았다. 근데 그 이름도 오래 가지 못했다. 언젠가 나무를 안다고 하는 이가 보더니 그게 백합나무가 아니고 중국단풍나무라고 했다. 그 후, 나는 나무와 풀이름을 알려주는 SNS에 나무 사진을 찍어 올렸다. 중국단풍나무라는 대답이 돌아왔다.

그러니까 10여 년 전, 산딸나무로 잘못 알고 산 나무가 이 중국단풍나무다. 꽃이 없다. 가지에 드문드문 뾰족하고 큰 가시가 있다. 일 년 내내 봄에 핀 그 잎으로 살다가 늦은 가을 붉어지는 것 외엔 별 볼 만한 관상수가 아니다. 나무는 성장 속도가 빨랐다. 나무를 베고 다른 나무로 대체하고 싶었지만 어, 어, 하는 사이에 나무는 지붕 높이보다 더 커 올랐고, 가지는 무시할 수 없을 만큼 울창하게 뻗었다.

그렇지만 바람에 강하다. 뜰 안에 선 나무들이 대개 바람을 따라 남향으로 기울었는데 중국단풍나무만은 곧게 자란다. 튤립 모양으로 생긴 작은 잎들은 바람이 불 때면 사시나무처럼 바람과 소란하게 싸운다. 그 바람에 귀가 즐겁다. 때로 그 그늘에 의자를 놓고 앉으면 머리가 맑아지고 더위에 지친 마음이 진정된다.

이젠 베어버릴 수 없는 뜰 안의 소중한 나무가 되었다.

꼭 이 중국단풍나무 같은 친구의 아내가 있다. 친구는 걸핏하면 아내를 옆에 앉혀놓고 맞선 보던 시절의 이야기를 안주삼아 한다.

총각 시절 맞선을 보러 약속 장소에 나갔는데 나가 보니 맞선을 보러온 여성이 첫눈에 들더라는 거다. 결혼을 하고 싶다고 그 자리에서 청혼했는데 실수였다. 그녀는, 맞선을 보기로 한 이가 갑자기 몸이 아파 나올 수 없다는 걸 알리러 나온 친구였다. 그야말로 상대를 잘못 알고 청혼했는데 그녀가 지금의 이 달콤한 아내가 됐다는 거다. 자식도 셋 낳고, 다들 출가해 지금은 인생을 즐겁게 산다. 그림을 그리는 아내 덕에 자칭 '화가의 부군'이라는 호칭도 받아 가며 행복에 겨워한다.

엄밀히 따져보면 부부란 서로 잘못 알고 만나 사는 관계가 아닌가 싶다. 덩치가 커 아량과 이해심이 있을 줄 알았는데 살아보니 밴댕이 소갈딱지더라, 가진 게 좀 있어 보였는데 살아보니 맨주먹이더라, 곱슬머리라 인색할 줄 알았는데 한없이 너그럽더라…….

창밖에 선 중국단풍나무도 잘못 알고 심은 나무다. 그러나 그늘이 좋다거나 바람소리에 예민하다는 건 잘못 만난 덕에 누리는 호사다. 바꿀 수 없는 조강지처가 됐다.

3장 아름다운 유산

내게도 반려작물이 있다

"반려식물 샀어."

바깥일을 보고 돌아오는 아내의 손에 화분 두 개가 들려
있다.

길거리 가게에서 샀다는데 하나는 여우꼬리선인장이고,
하나는 콩난이라 했다.

나는 단번에 아내가 내려놓은 이 반려식물이라는 것에
호기심이 갔다. 예쁘기도 하거니와 이름조차 마음에 쏙
들었다. 여우꼬리야! 콩난아! 하며 그들 이름을 부르면
내 마음이 한결 가벼워지고 재미있어지고 장난스러워질
것 같았다.

콩난은 잎도 없고 솟구쳐 오르는 줄기도 없다. 끈으로 구
슬을 꿰어놓은 듯 작고 앙증맞은 식물이다. 여우꼬리선
인장은 햇빛을 충분히 받으면 가시가 여우 꼬리털처럼
황금빛으로 변한단다. 아내는 그걸 햇빛 가득한 앞 베란
다 빨래건조기 위에 올려놓았다.

반려동물이란 말은 들어봤어도 반려식물이란 말은 처음
이다. 웬걸! 인터넷에 찾아보니 반려식물만이 아니다. 반
려그림도 있고, 반려책도 있다. 반려음식이며, 반려운동,
반려돌도 있다. 물론 반려만년필도 있을 수 있다. 서로

마음으로 교류하고, 대화하고, 도움과 치유와 정서적 안정을 얻을 수 있다면 그 모두 반려의 대상이 되는 모양이다.

AI 로봇을 노후의 동반자나 대화상대로, 종국에는 로봇과 사랑의 감정까지 주고받는 영화 '바이센테니얼 맨'을 보면서 로봇도 반려자가 될 수 있겠다 했지만 반려식물이라니!

그러고 보니 내게는 반려작물이 있다.

감자다. 농사를 지으시던 아버지 곁을 떠나 서울에 올라와 산 지 벌써 40년이 지났다. 흙 한 줌 밟을 데 없는 도시를 살아내던 20년 전의 일이다. 아내의 친구가 청계산 기슭에 주말농장을 소개해 줬다. 5평 정도 될까. 거기에 고추며 상추 감자를 10여 년 동안 심고 가꾸다가 급기야는 직장을 그만두고 서울에서 먼 안성에 시골집을 구했다.

생땅을 일구어 내가 제일 먼저 심은 작물이 감자다. 그 후 나는 한 해도 거르지 않고 감자를 심었으니 감자는 무려 나와 20년을 함께 했다.

밥벌이하랴 글 쓰랴 나름대로 바빴던 내가 하필이면 그 먼 데까지 달려가 하필이면 그 많은 작물 중에 하필이면 재래작물 감자를 심어 가꾸다니! 나는 그 까닭을 몇 년 전에야 알았다. 내가 심어 가꾸는 감자가 단지 감자가 아닌 아버지였다는 것을. 더 바르게 말해 감자는 아버지에 대한 추억이며 일생을 감자로 살아오신 아버지 그 자체였다.

해마다 3월이면 감자씨를 구하기 위해 고향으로 달려갔다.

아버지는 3월에 돌아가셨다. 감자씨를 심던 그날 눈이 내렸고, 아버지는 그날, 한 생을 오로지 땅에 기대어 살던 그곳으로 홀연히 가셨다. 나는 그날을 감자 심는 날로 정했다.

감자꽃이 필 때 감자 밭둑에 앉아 담배를 피시던 아버지에겐 아버지가 거느려야 하는 십여 명의 식솔이 있었다. 그때 어머니는 16년의 길고 긴 투병 중에 계셨고, 나는 고교 진학을 못 했다. 그 무렵 아버지는 외로우면 감자밭 김을 매시면서 햇볕에 몸을 태우셨다.

내가 감자를 해마다 심는 건 그때 그 아버지를 느끼기 위해서다. 그래서인지 감자밭에 나서면 그 옛날 아버지의 고충을 떠올리게 되고, 외로우셨을 아버지를 늦게나마 위로하게 된다.

이 세상에 안 계시는 아버지를 위로하는 일.

그게 어쩌면 나를 위로하고 나를 치유하는 것인지도 모른다.

그 까닭에 1시간을 달려와 혼자 며칠 밤을 묵어도 아버지와 함께 있는 듯 외롭지 않다. 돌이켜 보면 1년 중 가장 행복한 날은 감자씨를 넣고, 감자꽃을 보고, 감자를 캐는 그 넉 달이다.

이쯤이면 감자가 나의 반려작물이 되기에 충분하지 않은
가.

봄날의 유희, 화전놀이

봄비 끝난 아침이다. 세상이 환하다. 환하다 못해 빛난다. 봄꽃이 한창이다. 이런 봄날을 골라 예전의 어머니들은 화전놀이를 갔다. 지금은 이 세상에 안 계시지만 고향의 어머니도 젊은 날 화전놀이를 가시곤 했다.

화전놀이의 재미는 진달래꽃 부침을 지지는 일과 화전가를 지어 부르는 일이다. 어머니는 대개 하루 전 종이에 화전가를 미리 써 가지고 가셨다. 화전가란 내방가사의 한 장르인데 민가의 여인들이 봄날 화전놀이를 하며 부르던 가사 형식의 노래다.

지난해다. 영주 문화유산 보존회에서 그 지방 가사를 집대성한 '영주의 내방가사'를 보내왔다. 하도 방대해 열 엄두를 못 냈는데 오늘에야 첫 장을 넘겼다. 300여 편의 가사 중에 '덴동어미 화전가'가 제일 먼저 눈에 들어왔다.

'가세 가세 화전 가세. 꽃 지기 전에 화전 가세
이때가 어느 땐가 때마침 삼월이라
동군이 포덕택하니 춘화일난 때가 맞고
화신풍이 화공되어 만화방창 단청되네

이런 때를 잃지 말고 화전놀음 하여보세'

4월 봄바람이 마치 화가라도 된 양 자연을 만화방창으로 물들이고 있다. 때가 때니만큼 마냥 집 안에 머물러 있을 수 없다. 어느 참꽃 피는 좋은 날, 꽃 필 때를 놓치지 말고 우리 화전놀이를 가자는 것으로 가사는 시작된다.

그런데 오늘이 바로 그날이다. 여인들 마음이 부풀고 설렐 수밖에 없다. 진달래꽃 전을 부칠 밀가루, 기름, 조리 도구를 실어나를 부담도 부담이지만 무엇보다 설레는 것은 몸단장하는 일이다. 이 노래의 백미는 여기에 있다. 당시 여인들의 머리단장, 얼굴 단장, 나들이옷 단장의 외양묘사와 심리묘사가 빼어나다. 여인들의 재재바른 손놀림이며 곱게 차려입은 옷맵시가 눈에 선하다.

'청홍사 감아 들고 눈썹을 지워내니
세붓으로 그린 듯이 아미 팔자 어여쁘다
양색단 겹저고리 길상사 고장바지
잔줄누비 겹허리띠 맵시 있게 질끈 매고
광월사 치마에 분홍댕기 툭툭 털어 들쳐 입고
머리 고개 곱게 빗어 잣기름 발라 손질하고
공단댕기 갑사댕기 수부귀 다남자 딱딱 박아……'

가는 붓으로 눈썹을 또렷하게 그리고 보니 예쁘기만 하

다. 비단 겹저고리에 비단 고쟁이, 촘촘히 누빈 겹허리띠
질끈 매고, 달빛무늬 비단치마, 잣기름 발라 곱게 빗은
머리에 수명 부귀 수놓은 댕기를 드리운다.

단장을 마치고 여인들이 가는 곳은 순흥이라는 곳에 있
는 비봉산 시냇물가다. 화전을 지지며 봄빛에 취할 즈음
덴동어미가 저의 기구한 인생 역정을 한편의 드라마처럼
펼쳐낸다. 열여섯에 결혼했으나 이듬해 단오에 남편을
잃는다. 재혼했지만 이번엔 괴질로 남편을 잃고. 삼혼엔
물에 잃고, 사혼엔 불에 잃는다.

그야말로 서럽고 서러운 인생을 긴 서사로 노래한다.

내용이야 뻔하다. 나처럼 재재가하여 서럽게 사느니 차
라리 수절하라는 그 시절의 계몽적 노래다. 무엇보다 당
대 여성들의 언어를 다루는 감각과 세련미가 이만저만이
아니다. 거기다가 극적 서사와 그 상상력에 감탄하지 않
을 수 없다.

내가 중학교에 다닐 때까지도 어머니는 가끔 화전가 두
루마리를 펼쳐놓고 소리 내어 읽으시곤 했다. 하지만 이
제는 꽃전을 부치며 놀던 화전놀이도 다 옛일이 됐다.

덕여재의 하룻밤

안동 하회마을에서의 하룻밤은 지금도 잊을 수 없다.

우리는 그때, 그 마을 덕여재에서 숙박했다. 마치 고향
어머니 곁에 와 하룻밤을 잔 것처럼 편안하고 좋았다. 덕
여재는 안마당에 안채와 뒤란에 뒤채가 있다.

우리가 그때 찾아갔을 때는 캄캄한 가을밤이었다. 하회
마을 좁디좁은 흙 담장 골목길로 차를 간신히 몰고 들어
가 몇 바퀴나 돌고 돈 끝에 그 댁을 찾았다. 그 댁 주인은
우리를 위해 대문 밖에 나와 기다리고 있었다.

우리를 오래 기다리느라 희미해진 외등 불빛을 밟아 마
당 안으로 들어섰다. 처마에 깎아 매달아 놓은 붉은 감
주렴이 불빛에 은은했다. 그제야 인사를 주고받으며 보
니 덕여재 주인어른이 너무도 점잖고 의젓한 분이었다.

우리는 그분이 내어주시는 밤늦은 차 한 잔을 마시고, 예
약해 놓은 뒤채로 안내를 받았다. 뒤채는 앞채보다 터가
높아 방에 앉아 여닫이문을 열면 마치 누각에 오른 듯 했
다. 다섯 평 남짓한 따뜻한 방, 조선살 무늬 문, 문짝에
박힌 무쇠 문고리. 웃옷을 벗어 거는 횃대와 하얀 횃댓보
에 수놓인 학과 달과 소나무.

천장 구석에 걸려있는 커다란 박. 딱지 벽지 벽에 걸린

책거리 민화 한 점. 윗목에 자리 잡고 앉은 반닫이 위에 잘 개어놓은 요와 이불과 베개.

전깃불을 끄고 문을 여니 들어올 때 보이던 하현달이 안채 지붕 끝에 꽂혀있다. 전깃불만 없었다면 우리는 문득 조선시대의 어느 한 고을에 와 있지, 싶은 밤이었다. 캄캄한 밤길을 밟아 여길 찾아왔으니 그럴 만도 했다. 아득한 시간대의 어느 땅속에서 불쑥 솟아난 듯 하늘에서 떨어진 듯 세상과의 연결을 가늠할 수 없었다.

이리 오너라! 외치면 문득 '쇤네'가 나타날 것 같은 늦은 밤에 인기척이 있어 나가보니 덕여재 주인장이시다. 내일, 이른 아침부터 지붕을 이을 테니까 좀 소란스러워도 참아달라는 말씀을 전하고 가셨다.

참 와도 너무 좋은 날을 골라왔구나, 했다.

이튿날 아침 두런거리는 말소리에 눈을 떴다. 문을 열고 내다보니 안채 지붕 위에 어른 몇이 올라가 안마당에서 올리는 이엉을 받고 있었다. 그 정경만으로도 마음이 설레었다.

예전 고향 집도 초가였다. 아버지가 큰댁에서 분가해 나오실 때 받은 집이라 하셨는데 내가 고등학교에 다닐 때까지 초가였다. 아버지는 해마다 늦가을이면 동네분들과 이엉으로 집을 이셨다. 그때는 나도 아침부터 아버지를 따라 지붕에 사다리를 걸쳐놓고 이엉을 올리느라 짚북데기를 뒤집어쓰곤 했다. 근데 그 일을 멀리 떨어진 하회마을에서 만난다.

이엉을 올리느라 주고받는 이들의 말소리가 낮익다. 한 세상을 산 이들의 세월이 밴 목소리다. 가만 생각하려니 그게 그 무렵 아버지의 목소리였다. 지붕에 올라선 이들 연세가 그때의 아버지 연세일 것 같았다. 나는 괜히 그분들이 더 없이 가까워져 육친의 정 같은 걸 느꼈다. 안마당으로 나가 이엉 올리는 일을 거들었다. 그때 이엉에서 풍기던 볏짚 냄새가 내 먼 추억의 촉수를 건드렸나 보다. 코끝이 찡했다. 이제는 이쪽 세상에 안 계시는 두 분을 여기 덕여재 초가에서 뵙는 듯 서글펐다.

얼마 전, 부산 가는 길에 하회마을에 들러 또 하루를 묵고 싶었다. 그러나 이런저런 사정으로 그 뜻을 이루지 못했다. 하룻밤이라도 초가에 머물면 금방 그 옛날의 시간으로 안락히 돌아갈 것 같은 밤을 또 한번 느껴보고 싶었다.

우리에겐 멍석 문화가 있다

출판사 편집자들과는 주로 홍대입구역 근방에서 만난다. 파주 출판단지에서 나오기 쉽기 때문이다. 약속 시간에 넉넉히 대어갈 때면 홍대역 거리를 돌며 무명 가수들의 노래를 듣는다. 내가 알아들을 노래가 아니어도 빙 둘러 선 사람들 틈에 끼어 선다. 가락만은 흥겹다. 나도 모르게 박자에 맞추어 까닥대는 내 발을 본다.

나만 흥겨운가. 모르기는 해도 여기 둘러선 사람들 모두 흥을 안다. 판이 없어 그렇지, 판만 깔아놓으면 다들 한가락씩 하는 게 우리들이다.

나 어렸을 적만 해도 집안의 큰일은 주로 마당에서 치뤘다. 큼직한 천막을 치고, 휘장을 두르고, 바닥에 멍석을 깔았다. 그리고 그 위에서 회갑연이든, 초례든, 계 모임을 했다. 살림이 넉넉한 집이라면 심부름하는 이가 드나들 자리만 두고 마당 가득 멍석을 깔았다.

얼큰히 술에 취해 잔치가 무르익으면 멍석 깔아놓은 값을 한다. 누군가 판을 일으켜 세운다. 예전엔 마을마다 이름깨나 날리는 분이 있었다.

그가 먼저 일어나 바지저고리 바람으로 자분자분 멍석을 밟으며 춤을 춘다. 그러면 둘러앉은 이들도 가만 못 있는

다. 엉덩이가 달싹달싹 안달이다. 언제나 젊은 분들 몸이 먼저 뜨겁다. 처음에는 한두 사람이 일어서지만 나중엔 서너 사람이 일어서고, 대여섯 사람이 일어나 허리를 잘 숙대며, 방뎅이를 휘돌리며 겅실겅실 춤을 추는 데는 윗뜸 아랫뜸 마을 구분이 없다. 그러다가 맨 나중에 마지못한 척 나이 지긋한 어른이 일어나 춤을 출 때면 판은 절정이다. 우리나라 춤은 한 걸음 한 걸음이 다 춤이다. 연륜이, 인생이, 고락이, 눈물이, 모두 춤 아닌 것이 없다. 그렇기에 적게 몸을 놀리는 나이 많은 이의 춤일수록 그윽하고 깊다.

멍석은 회갑연이나 혼사 때만 까는 게 아니다.

상이 났을 때도 대사를 마치면 마당에서 즐거이 한판을 논다. 호상이 그렇다. 자식 많이 낳고, 수를 다 하고 가는 상례에는 반드시 술과 춤이 있다. 오래도록 망자를 모신 상주의 노고를 덜어주고, 그 슬픔을 위로해 주기 위해서다.

날 궂은 날이면 마당에 볏짚을 넉넉하게 펴고 그 위에 멍석을 깐다. 멍석을 깐다는 것은 판을 깐다는 말이다. 이를 잘 맞추어 깔고 앉아 한 고패씩 술이 돌면 어디서 났을까. 장구와 징과 꽹과리가 저녁 마당을 달군다. 징소리에 맞추어 고된 몸을 들썩이며 어깨춤을 춘다. 우스갯소리를 한다. 박장대소를 한다. 그래도 흉이 되지 않는 게 호상이다.

우리 조상들은 눈물과 웃음의 경계를 두지 않는다. 눈물이 나도 웃을 줄 알고, 웃다가도 웃음이 지나치면 운다. 눈물 따로 웃음 따로가 없다. 눈물만한 기쁨이 어디 있고, 춤만한 눈물이 어디 있을까.

그걸 풀어줄 때 멍석이 필요하다. 넉넉한 이들이라면 가정의 큰일을 핑계로 멍석을 깐다. 살면서 마음에 맺히는 회한과 근심과 상처가 있대도 어디 풀 데가 없는 이들이 있다. 그들의 눈물을 닦아주기 위함이다. 처음에야 멍석을 깔아놓으면 멋쩍어하고, 데면데면하지만 아픈 속을 술이 적시면 내남없이 일어나 마음의 한을 춤으로 푼다. 눈물을 많이 가진 사람일수록 멍석이 그립다.

그러고 보면 멍석은 기죽은 이를 살려내는 살 판이다. 별 재미없는 인생을 살려내는 놀 판이다. 그 시절 우리네 삶에서 무대란 곧 멍석이다. 한 걸음 내디디면 거기가 멍석이다. 춤꾼이 따로 없다. 어깨를 들썩인다면 그게 곧 춤이요, 그가 곧 춤꾼이다.

그런 때문인가. 홍대 근처 길거리 공연장에 빙 둘러서 있는 이들 모두 흥겹다. 불러내면 한 곡조씩 노래를 뽑고, 춤 한번 출 것처럼 몸이 뜨거워 보인다. 아무리 도시에서 나고 자랐다 해도 우리들 핏속엔 이 멍석 문화가 흐른다.

밤눈

저녁을 먹고 창문을 여니 눈 내린다.

아침부터 검은 구름이 하늘을 덮더니, 기온이 푹신하더니, 찬 기운이 슬쩍 돌더니, 고요할 만큼 고요해지더니, 끝내 해 지자, 눈 내린다.

터벅터벅 찾아오는 눈이 밤늦은 손님 같다. 먼 데서 무슨 좋은 소식을 들고 찾아오시는 나의 당숙이신 대화 아저씨 같다. 고향 집에 대사가 있을 적이면 강원도 대화 깊은 산골짜기에 사시는 대화 아저씨는 해 지고 어둑어둑할 무렵에야 뽀드득뽀드득 눈을 밟으며 마당에 들어서셨다. 대문이 없었으니 에험! 헛기침하며 들어오시는 아저씨는 밤눈처럼 희끗한 회색 두루마기를 입으셨다.

냉한 기운을 잔뜩 옷에 품고 들어오셔서는 술자리에 앉자마자 구수한 겨울 이야기를 풀어놓으시곤 했다. 몇 번이나 들었던 호랑이를 만나 서로 먼저 가려고 길싸움을 하시던 이야기, 술에 취해 이틀이나 당숙모를 껴안고 자고나 보니 그게 당숙모가 아니라 산중 곰이더라는 이야기, 눈 귀신에 홀려 산부리를 건너뛰고 벼랑을 뛰어내리실 적에 도깨비를 만났고, 그 도깨비와 밤새도록 씨름하다가 지쳐 저승을 코앞에 두고 되돌아오시던 이야기……

대화는 백두대간의 중심에 있는 말할 수 없이 깊은 산골이다.

눈 내리면 지붕이 땅에 닿을 정도로 지붕 땅 구분이 없다는 거다. 이웃 간의 인사는 눈 굴을 파고 다니며 하는데 여보게! 잘 있는가, 밥은 안 굶는가. 아픈 데는 있는가 없는가, 노모께선 안녕하시고, 송아지 암탉은 모두 잘 계시는가. 그런 인사를 하신댔다.

그렇게 삼동을 눈 속에 갇혀 살다 보면 백색 눈 빛에 질리고 질려 눈 멀미를 하고, 고적감도 병이라고 앓아누울 바로 그 직전에, 어찌어찌 날이 풀려 세상에 나오면 벌써 참꽃이 피고 지고, 길섶에 수선화가 피는 초여름이더라는, 대화 아저씨 말씀은 참으로 능청스러우셨다.

대화 아저씨 오시던 그날 그 밤처럼 마당에 내리는 눈송이가 지금 굵다. 푸짐하다.

내리려거든 무릎이 빠지도록 푹푹, 아니 지붕이 땅바닥에 닿도록 푹푹 내렸으면 좋겠다. 시골 뜰방집이 장눈에 어떻게 갇혀버리는지 보고 싶다. 사흘 낮 사흘 밤을 굶주리다 굶주리다 굶주림의 그 끝에서 한번 살아나는 나를 보고 싶다.

지지난해는 내가 바라던 대로 눈이 많이 왔다.

그때만 해도 먹고 사는 밥벌이 일이 있어 이러다 말겠지, 말겠지, 했는데 자고 나니 무릎이 넘도록 내렸다. 아침에 차를 몰고 집을 나서다가 요 앞 언덕에 미끄러져 그냥 돌아왔다. 그때 내게 원성의 비난이 몰려왔는데 겨울에 왜 시골로 내려갔느냐, 왜 눈 내리면 급귀가 하지 늑장 부렸느냐. 그러더니 말끝에 쌀은 있고, 라면은 있느냐, 걱정하기 시작했다.

나는 세상 근심 걱정을 떨쳐내고 마당으로 나갔다.

눈을 뭉쳐 데굴데굴 데굴데굴 굴렸다. 굴리고 굴려 문간에 커다란 눈사람을 만들었다. 철없던 시절에 만들던 눈사람을 다시 내 손으로 일으켜 세웠다. 주먹만한 눈덩이로 코를 세우고, 마른 꽃대궁이를 꺾어 눈썹을 붙이고, 입을 찍어 붙여 놓고 마주 웃었다.

한번 흘러간 세월은 영영 다시 오지 않는다는 말은 거짓이다. 세월은 윤회처럼 이렇게 옛날 모습으로 해마다 다시 돌아오고 다시 돌아가는 거다.

이 밤, 그 옛날의 겨울이 오고 있다.

이 밤, 그 옛날의 능청을 떠시던 대화 아저씨도 만나고, 저쪽 세상으로 건너가신 부모님이랑 백부님, 사촌들을 이렇게 다 만난다. 그분들 틈에 앉아 전설같은 이야기에 귀를 기울이는 저 어린 것이 바로 나다. 젊은 아버지 무릎에 팔꿈치를 괴고 유심히 듣고 있누나.

사다리가 있는 풍경

내려야 할 전철역을 놓쳤다.

정신을 딴 데 파느라 한 정거장 더 가고 말았다. 역에서
내려 지상에 올라와 보니 알겠다. 봄이 도심 깊이 들어와
있다. 가로수들은 이미 녹음으로 우거졌고, 햇볕이 덥다.
전철을 다시 타기보다 걷기로 했다. 놀이터를 지나고, 음
식점 골목을 지나고, 한길을 건넌 뒤 느티나무 그늘 벤치
에 잠시 앉았다. 무심코 눈이 가는 곳에 작은 갤러리가
있다. 일어나 그리로 갔다. 평일이라 그런지 그림을 보는
이는 나 하나뿐. 한 바퀴 빙 둘러봤다. 성격이 다른 네 화
가의 공동전시회다.

그중에 내 눈에 띈 그림들이 있었다. 사다리를 주제로 한
풍경이다.

그림 속 사다리는 이층 옥상에 기대어 있거나 이팝나무
꽃 가득 핀 나무 둥치거나 아니면 하늘에 떠 있는 흰 구
름에 걸쳐져 있다.

나는 사다리가 있는 그림 앞으로 다가갔다. 마치 내가 그
사다리를 잡고 옥상을 오르거나 구름 위에 얹어둔 그 무
언가를 내리러 갈 것처럼, 이팝나무꽃 숲에 숨어들어 휘
파람을 불거나 다리를 뻗고 봄잠이나 한잠 잘 것처럼 다

가갔다.

고향 집에도 사다리가 있었다.

사다리는 주로 지붕을 이거나 고칠 때에 쓰였다. 그런 날이면 아버지는 지붕에 세워놓은 사다리를 한 칸 한 칸 밟고 올라가서는 오랫동안 사라지셨다. 그리고 지상에 없던 아버지가 해 질 무렵 다시 지붕 위에서 쓱 내려오시곤 했다.

어린 시절 나는 사다리 위의 세상이 궁금했다.

초등학교에 들어가기 바로 전쯤이다. 윗마을에서 돌아오는 길에 먼 곳 우리 집을 보고 놀란 적이 있다. 누군가 지붕 위를 걷는 사람이 있었다. 하얀 옷을 입은 그 사람은 마치 구름을 밟으며 구름 위에서 노니는 학 같았다. 점점 가까이 와 보니 아버지였다.

아버지는 지붕을 이시느라 하루 종일 지붕 위에 계시다가 해 질 무렵에야 내려오셨다. 그 옛날 아버지는 엄하셨고, 말씀이 별로 없으셨다. 그런 시절이었으니 지붕에 올라가서서 저녁 무렵에야 내려오시는 아버지는 신비롭기만 했다. 나는 네다섯 살 무렵부터 어머니가 읽어주시는 '박씨부인뎐'을 즐겨 들었다. 거기 금강산에 사는 박씨부인의 아버지 박 처사란 분은 한양 길을 떠날 때면 구름을 잡아타거나 학을 타고 갔다.

그 시절, 사다리를 타고 지붕으로 올라가시거나, 사다리를 타고 지상으로 내려오시는 아버지는 박 처사라는 분과 비슷하다고 나는 생각했다.

그 후, 조금조금 머리가 굵어질 때다. 사다리를 타고 고추 멍석이 지붕으로 올라가고 다시 내려오는 것을 본 나는 어머니의 허락을 받고 사다리에 올랐다. 한 칸 한 칸 내 키 높이만큼 올라가서는 무서워 다시 내려왔고, 마음을 다잡은 뒤 다시 오르곤 했다. 그러다가 내 키보다 더 높은 곳까지 올라가 등 뒤의 세상을 돌아다봤다.

그때 내 눈앞에 펼쳐지던 낯선 풍경에 나는 놀랐다.

어제까지 높기만 하던 뜰 안의 나무들이 턱없이 작아 보였고, 마을로 이어진 길이며 담장 너머 풍경들이 낯설기만 했다. 그것은 나의 시선의 높이가 바뀌었기 때문이었다. 하지만 그걸 모르던 나는 높은 곳엔 내가 알지 못하는 낯선 세상이 따로 있다고 믿었다.

그림 속 구름에 걸쳐놓은 사다리 풍경을 다시 본다.

구름에 걸쳐놓은 이 사다리는 누가 타고 올라갔을까. 어쩌면 오래전에 올라가신 아버지가 구름 위에서 일을 마치고 해질 무렵 저녁을 잡수러 내려오실 것만 같다.

책 끝에 쓰인 어머니의 메모

방 정리를 하다가 우연히 그 책을 발견했다. 생각날 때마다 가끔 찾곤 하던 책이다. 『중국차 향기 담은 77편의 수필』. 오래전에 참 좋게 읽은 기억이 있다. 수필의 진수를 만난 것 같은, 뭔가 생각이 막힐 때 읽으면 푸르게 마음이 열리는 기쁨. 그 책을 오늘에야 우연히 발견했다.

대부분 19세기 또는 20세기 중반을 살다 간 중국 작가들, 그러니까 시인이자 비평가인 주쯔칭, 정치가인 호적, 한때 노벨문학상 후보에 올랐던 심종문 등. 나는 그분들의 글을 읽으며 동시에 그분들의 삶과 인생과 세상을 건너는 지혜를 부러워했다. 두어 번 읽고 잊어버리기엔 글이 너무나 깊고 아름다웠다.

77편의 수필 중에 제일 앞에 놓인 글은 잘 알려진 주쯔칭의 '아버지의 뒷모습'이다.

할머니가 돌아가시자, 실직한 아버지와 공부하던 나는 고향 집을 찾아 할머니의 장례를 치르고 헤어진다. 아버지는 직장을 찾으러 난징으로, 나는 공부를 하러 북경으로 떠날 때다. 아버지는 스무 살이 넘은 나를 혼자 보내기 안타까워 내가 타는 기차 좌석까지 배웅 나온다. 그러고도 또 부족한 게 있는지 아버지는 기차에서 내려 찻길 건너에 있는 귤 가게를 향해 가신다. 거길 가려면 승강구의 꽤 높은 턱을 올라야 하는데 아버지는 무거운 몸으로 턱을 그러잡고 오르다 떨어질 듯 기우뚱, 하신다. 나는 그때 아버지의 그 뒷모습을 생각하며 가진 게 없어도 자식을 사랑하는 부모의 마음을 이해하기 시작한다.

웅곤진의 '길' 도 아름다운 글이다. 그는 '길은 소리 없는 언어이며, 무형의 문자로 사상과 문화를 소통시키고, 정감과 우의를 이어준다' 라고 말하면서 다들 한번 가는 인생이라면 타인이 간 길이 아닌 나의 새로운 길을 가라고 한다. 평온한 길은 평온하게 종점까지 이어진다. 그러나 험난한 길은 때로 찬란한 미래로 통한다며 어떤 길을 선택하든 멈추지 말기를 바란다는 노작가다운 글을 만날 수 있다.

출간된 연도를 보려고 맨 뒤 페이지를 열었다.

'언젠가 읽게 될 나의 딸에게. 1995년 아빠가'

거기엔 뜻밖에도 잉크로 쓰인 나의 메모가 있었다. 1995년이면 딸아이 나이 9살이다. 이 책을 읽기엔 너무 어리다. 수필을 읽으려면 적어도 서른이거나 마흔은 되어야한다. 설령 그 나이를 먹는다고 한들 이 책을 읽는다는 보장도 없다. 이 책을 읽으려면 적어도 우연히든 아니든이 책과 마주쳐야 한다. 나는 그 알 수 없는 만남을 위해가끔 좋은 책을 읽고 나면 책 뒤에 메모를 남긴다.

내 방에 있는 책들 중엔 그렇게 먼 훗날의 딸아이를 위해 메모를 남겨둔 책들이 있다. 그 책들이 어디에 꽂혀있는지 나도 알 수 없지만 대략 10여 권 정도. 로망 롤랑이 쓴 『간디 자서전』, 해금되던 해에 출간된 백석과 정지용의 시집들, 폴란드 작가 센케비치의 『어느 등대지기의 이야기』, 아이작 싱어의 생각이 깊은 동화들, 차오원 쉬엔의 『청동 해바라기』, 파스칼 메르시어의 『리스본행 야간열차』……

책을 읽고, 좋은 책 뒤에 딸아이를 위해 메모를 남기는 버릇엔 어머니의 영향이 크다. 소년 시절, 나는 어머니의 장롱에서 『박씨부인뎐』과 『임진록』의 뒤 페이지에 남겨둔 어머니의 메모를 만났다. '막네이 크면 꼭 읽어보아라' 붓으로 적으신 그 메모 앞에서 나는 오랫동안 말로 다 할 수 없는 먹먹한 어머니의 사랑을 느끼곤 했다.

책이 몇 권 없던 시절이라 나는 일찍 그 책들을 만났다. 하지만 적잖은 내 책들 중에서 딸아이가 그 몇 권을 만나기는 어렵겠다. 막연하나마 언젠가는 그 책들을 발견하게 되길 바라며, 그 메모만으로도 아버지를 느낄 수 있기를 바랄 뿐이다.

아웃 오브 아프리카

모처럼 쉬는 날.

빈둥빈둥 놀고 싶었는데, 어쩌다 컨 텔레비전에서 불쑥 영화 '아웃 오브 아프리카'가 나온다. 멋진 배우 로버트 레드포드와 메릴 스트립.

덴마크 태생 카렌(메릴 스트립 역)은 아프리카 동부로 옮겨가 부유한 남편 브로와 결혼한다. 하지만 브로는 커피 농장 일을 아내에게 맡기고 자신은 늘 사냥하러 멀리 떠나간다. 남편을 기다리는 일에 지친 카렌 앞에 탐험 여행을 즐기는 '자유로운 영혼' 데니스(로버트 레드포드)가 나타나고 그들은 사랑에 빠진다.

1900년대 초 유럽인들의 아프리카 식민지를 배경으로 하는 미국 영화다.

1986년 개봉 이후, 극장을 찾아가 몇 번 보았고, 오늘처럼 우연히 보기도 하지만 볼 때마다 느끼는 건 아름답고 경이로운 아프리카의 자연미다. 아프리카라는 이국 풍경을 배경으로 불륜이라는 소재를 별 저항감 없이 풀어내는 서사구조가 이 영화의 스토리이다. 그러나 내가 느끼는 것은 겉으로 드러나는 그런 내용과 좀 다르다.

그보다는 은근히 1부 1처제가 갖는 완고함, 또는 그 불합

리라든가 또는 그 경계를 넘나들고 싶어 하는 욕망을 감춘 영화로 읽힌다. 그러니까 한 여자를 두 남자가 사랑하는 1처 2부라는 난혼 시절의 성적 구조를 아프리카라는 원시적 자연을 배경으로 그려낸 게 아닌가 싶다.

1처 2부가 가능해지려면 자유와 속박이라는 두 축이 필요하다. 이 영화에 등장하는 두 남자, 데니스와 브로는 수렵 난혼시대의 남성들처럼 자유로이 탐험하고 사냥하고, 그러다가 여자를 찾아 가끔씩 돌아온다. 그러나 여자인 카렌에겐 남자를 지속적으로 붙잡아두려는 속박의 욕망이 있다. 결국 이들의 욕망은 데니스의 죽음으로 끝나고, 카렌은 덴마크로 돌아간다.

근로자의 날, 오래된 영화로 오후 시간을 보내고 말았다. '아웃 오브 아프리카'와 마주할 때마다 떠오르는 옛일이 있다.

결혼하고 신접 살림을 할 때 어머니가 오셨다. 내가 막내였으니 그때 어머니 연세는 일흔을 넘기셨고, 아내와 나는 서울 근교에 있는 조그마한 도시에 살았다.

고향에 볼일이 있어 내려간 김에 어머니를 모시고 올라왔다.

나는 어머니에게 뭔가 좀 특별히 잘해드리고 싶은 마음이 있었다. 궁리 끝에 생각해 낸 게 영화였다. 촌부로 사신 어머니는 내가 알기에도 극장에 가서서 영화를 본 적이 없었다. 그렇기는 해도 어머니는 '박씨부인던'이나 '임진록'을 즐겨 읽으셨고, 먹을 갈아 자식들과 서신을 주고받으신 분이기에 나름 서사가 있는 영화를 좋아하실 것 같았다.

가까운 극장에 '아웃 오브 아프리카'가 상영되고 있었다. 자막도 미처 따라 못 읽으실 어머니에게 우리 영화도 아닌 하필 이국의 영화라니!

어떻든 어머니와 아내와 나, 셋은 조심스럽게 2시간 가까운 영화를 보고 돌아왔다.

어머니가 영화에 대해 한 말씀 하셨다.

"거기 나오는 남자들이 꼭 너희 당숙을 닮았더라."

당숙께선 함흥이나 만주 땅을 훨훨 돌아다니다가 서너 달에 한 번씩 당숙모 혼자 지키는 집으로 돌아오셔서 기껏 하루 이틀을 자고 또 나가시곤 했단다. 그러시며 남자들한텐 다 그런 천성이 있다는 말씀도 하셨다.

일흔 연세의, 아무것도 모르실 줄 알았던 어머니가 외국 영화를 제대로 보신 거였다.

오늘처럼 '아웃 오브 아프리카'를 볼 때면 그 옛날의 어머니가 불현 생각난다.

와인에서 찾은 인생

아버지가 위독하다는 소식을 듣고 장(파오 마르마이 역)
은 고향 부르고뉴의 와이너리로 돌아온다. 집을 떠난지
10년만에 돌아온 장은 여동생 줄리엣(아나 지라르도 역)
과 막내 제레미(프랑수아 시빌 역)와 부르고뉴의 노란 가
을빛처럼 반갑게 재회한다.

어릴 때부터 머리가 커질 때까지 아버지로부터 듣던 '형
노릇 못 한다' 는 잔소리가 싫어 장은 일찍이 집을 떠난
다. 그에게 있어 아버지란 이렇다 할 애정 하나 없는 존
재다. 아버지는 막내인 제레미를 유독 사랑했고, 아버지
의 사랑을 독차지하며 자란 제레미는 결혼은 했지만 처
갓집에 휘둘리며 산다. 그런 와중에도 줄리엣은 딸답게
엄마의 죽음과 아버지 이후의 실질적인 주인으로 와이너
리를 이끌고 있다. 해후는 반가운 일이지만 그것도 잠시,
이들은 아버지에 대한 서로 다른 상처와 속내로 고민한
다.

그 무렵 이들 3남매를 위해 남겨놓은 아버지의 유산 문
제가 불거진다. 그건 세 사람 전원이 동의하지 않으면 매
도할 수 없는 공동명의의 와이너리이다. 이미 결혼을 하
고 대출을 받아 먼 이국 호주에서 포도를 재배하고 있지

만 거듭되는 실패로 빚에 시달리는 큰형 장과 그리고 두 동생은 유산을 놓고 갈등한다.

장은 자신 몫의 포도밭을 잘라 팔고 싶어한다. 아버지의 사랑을 받고 큰 제레미는 아버지의 유산을 지키기보다 그 유산을 처갓집에 넘기려 하고, 줄리엣만이 아버지의 뜻을 지키려 몸부림친다. 그러나 장이 돌아오기를 재촉하는 장의 아내의 전화는 상황을 더욱 난처하게 한다.

한 달만!

한 달만 머물다 가겠다던 장은 포도밭에 가을이 흠뻑 들어설 때까지 떠나지 못한다. 셋은 몰려오는 구름을 바라보며 포도 수확 시기를 놓고 고민하거나 수확한 포도를 아버지의 방식을 떠올리며 숙성시켜야 했다. 상처를 안고 집을 떠나갔던 장은 그 옛날의 우애로웠던 시절로 돌아가기 위해선 숙성이라는 오랜 시간이 필요함을 은근히 느낀다.

영화 속엔 보르고뉴 포도주 맛을 위해 3남매가 포도를 따 그 맛을 음미하거나 숙성한 와인 맛을 음미하는 장면이 자주 나온다. 이 또한 이들 3남매가 저마다 지난 날의 우애를 음미하며 그것을 회복하기 위해 고민하는 따뜻한 암시처럼 잔잔히 다가온다. 그런 장면은 늘 부르고뉴 포도밭의 노란 가을 풍경 속에서 행해진다.

아버지가 물려준 유산을 지켜낼 수 있는 유일한 해결책은 하나뿐이다. 호주에 두고온 장의 아내와 아들이 돌아와 이들 3남매와 결합하는 것이다. 결말이 뻔한 영화인데도 화면에서 눈을 뗄 수 없는 건 부르고뉴의 아름다운 사계절 때문이다. 그리고 또 하나, 이들이 아버지의 유산을 지켜내리라는 행복한 예감 때문이다. 그것은 영화를 받쳐주고 있는 와인의 달콤함과 부드러운 힘 때문이기도 하다.

주제도 결말도 예측할 수 있는 영화, '부르고뉴, 와인에서 찾은 인생'이 두고두고 마음에 오래 남는 까닭은 아버지를 중심에 둔 너무도 현실같은 일상 때문이 아닐까 싶다. 엄마나 아버지의 부음을 듣고 모여든 자식들이 부모의 유산을 놓고 갈등하는 영화나 소설은 많다. 우리 삶에서 그런 일들이 부지기수로 일어나기 때문에 공감 역시 크다.

그런 일은 명절을 배경으로도 자주 일어난다. 한가위가 코앞에 다가왔다. 명절이 어린 시절처럼 마냥 즐겁지만은 않은 까닭은 성묘를 하면서도 자식들 내면에 숨어있는 '부르고뉴의 와이너리' 때문이다. 유산을 해결하는 데엔 별다른 방법이 있을 수 없다. 오직 애정어린 형제애로만 풀 수 있음을 이 영화는 보여준다. 가을 배경의 보기 드문 역작이다.

나는 가을을 사랑했다

가을을 사랑했다.

그때 나는 중2였고, 우리는 첫사랑이었다.

우리가 만난 건 엄마 때문이었다. 엄마는 내가 중2 때 병명도 모르는 상태로 병원에 장기 입원했다. 아무 문제 없던 나의 일상이 하루아침에 헝클어졌다.

내가 살고 있는 곳은 시골이었고, 엄마가 입원해 있는 병원은 내가 살고 있는 지역의 도심에 있었다. 나는 학교를 마치면 집으로 가는 게 아니라 엄마가 입원해 있는 병원으로 갔다. 그리고 저녁 무렵 4킬로미터가 넘는 집으로 혼자 돌아왔다.

내가 가을을 만난 건 그때였다.

물론 그 이전에도 만난 적은 있었지만 우리는 서로 스쳐 지나가는 사이였다. 손을 잡거나 대화를 나눈 적도 없었고, 무엇보다 서로에 대해 알고 싶은 궁금함이 없었다.

그러나 엄마가 입원한 그때는 달랐다. 세상의 한가운데에 내가 혼자 떨어져 있는 느낌이었다. 누나도 있고 아버지도 있었지만 나는 외톨이었다. 그때 제일 처음 배운 것이 외로움이었다. 저녁 무렵, 학교를 파하고 혼자 집으로 돌아갈 때면 나는 가끔 눈물을 흘렸는데 그게 내 몸으로 들어온 외로움임을 얼핏 알았다. 첫사랑은 그렇게 시작되었다.

그때 늘 나를 기다려 준 것이 가을이었다.

가을은 병원 앞길에서 나를 기다리고 있다가 내가 엄마를 보고 나오면 암말 없이 나랑 함께 걸어주었다. 어느 하루만이 아니라 늘 그랬다. 그런 그를 보며 나는 가을이 나를 사랑한다는 걸 알았고, 내 마음이 조금씩 눅눅해지면서 그게 나를 위로하는 가을의 몸짓임을 알았다.

사랑의 공급처가 끊긴 나는 가을이 좋아졌고, 자연히 가을을 사랑하게 되었다. 가을과 함께 나란히 걷는 것이 싫지 않았다. 비록 가을이 내게 말 한마디 걸지 않아도 4킬로미터나 되는 그 길을 가는 것이 지루하거나 전혀 외롭지 않았다. 나는 그를 보고 왜 말을 하지 않느냐, 왜 남들처럼 붙임성 있게 웃어주지 않느냐며 불만을 터뜨려 본 적이 없었다. 오히려 외로움을 몸소 배워가는 나를 옆에서 지켜봐 주는 가을의 사랑법이 진실했고, 나는 그 진실한 사랑에 빠져들었다.

가을을 사랑하면서부터 나는 생각이 많아졌다.

아니 생각이 좀 깊어졌다는 말이 옳겠다. 어떻든 그는 생각이 경망한 사람들과는 분명히 달랐다. 작고 힘없는 것들을 보살필 줄 아는 마음을 키워줬다. 홀로 길을 찾아가는 개미를 오래도록 지켜봐 주는 마음을, 개미 가는 길에 놓인 돌멩이를 잠시 옆으로 치워주고 싶어 하도록 내 마음을 천천히 움직였다.

풀숲 밑을 기는 달팽이를 보게 하거나 풀 아래 반짝이며 흘러가는 가는 물줄기에 눈길을 보내게 하거나 마른 풀씨 떨어지는 소리에 귀 기울이게 하는 예민함을 일깨워 주고는 했다.

그때 가을은 엄마가 해주지 못하는 일을 내게 대신하고 있었다.

노란 은행잎이 노란 볕에 눈부신 몸짓으로 떨어질 때 가을은 내게 작별이 때로는 반짝이는 것임을 가르쳐 주었다. 그 무렵 나는 날마다 병원에 입원한 엄마와 작별했다. 작별하면서도 언젠가는 그 작별이 눈부신 만남이 될 거라는 생각에 나는 작별을 두려워하지 않았다.

무려 16년이라는 수없이 많은 작별 끝에 엄마는 완쾌하여 집으로 돌아왔다. 그때까지 가을은 내 곁을 떠나지 않고 나를 지켰다. 그동안 우리는 너무나 잘 아는 사이가 됐다. 나는 가을을 만난 덕분에 작별도 알고 사랑도 배웠다.

그대와의 대화

대화는 늘 있다.

그러나 대화를 하고 돌아설 때면 허전하다. 이런 대화에 허덕일 때마다 나는 그대와의 대화를 기다린다. 그대와의 대화는 침묵으로 시작하지만 때로는 경건하다. 대화를 마치고 돌아서면 왠지 평온과 마음의 안정을 느낀다.

우리가 늘 하는 대화란 그렇지 않은가. 분위기에 따라 마음에 없는 말을 해야 하고, 자신도 모르게 속 깊이 간직한 비밀을 바보처럼 꺼내기도 한다. 그런 까닭에 대화가 끝나고 나면 나는 나 자신의 말실수와 바보스러움을 후회한다.

"그만 생각 없이 말하고 말았어. 미안해."

다음 날이면 대개 그런 전화로 대화의 찜찜하고 허전한 마무리를 하기 일쑤다.

그러나 그대와의 대화엔 그런 후유증이 없다. 그대는 내게 충직해 내가 발설한 비밀과 말실수에 언제나 침묵한다. 그런 면에서 그대는 나의 내밀한 대화 파트너이다.

나는 그대가 나를 만나러 오는 길을 안다. 물론 나도 그대가 오는 길을 안다. 우리는 서로 만나고 싶어 하는 시간도 안다. 나는 그대가 올 때쯤이면 일체의 모든 일을 마치거나 중단하고 그대를 맞으러 나간다. 마당가 늙은 감나무에 기대어 서거나 아니면 발코니에 의자를 놓고 앉아 그대를 기다린다.

그대는 동쪽에 위치한 건너편 참나무 숲을 붉게 물들이며 온다. 참나무 숲 하늘이 우련히 물드는 것은 그대가 가까이 오고 있다는 신호다. 그대와의 만남은 역시 낮보다 청명한 밤이 좋다. 들판이나 언덕 위에서 여럿이 맞는 것도 좋지만 단둘이 만날 때가 가장 좋다.

그대가 지금 저기 오고 있다.

이 순간 참나무 숲이 잠시 흔들리고, 별들이 잠시 희미해진다. 그런 뒤로 그대는 반가운 얼굴을 내민다. 그대의 얼굴은 둥그렇고 붉다. 먼 길을 달음질쳐 온 사람의 얼굴처럼 불콰하다. 나를 향해 달려온, 약간은 흥분에 들뜬 듯한 그대의 얼굴을 나는 좋아한다. 언제 보아도 그대는 건강하고 혈색이 좋다.

나는 그대를 만나면 '아!' 하는 가벼운 흥분과 함께 의자에서 벌떡 일어선다. 그대와 나는 그렇게 만난다. 나는 연실 아! 하는 감동과 찬사로 그대를 맞이한다. 그대는 이 밤, 그 어떤 것보다 더 밝으면서도 빛나거나 눈부시지 않은 얼굴로 다가와 내 곁에 앉는다. 우리의 만남은 그렇게 서로 마주 보거나 또는 나란히 앉는 방식이다.

이 무렵의 대화는 주로 이 거대한 천체와의 격정적이거나 감동적인 만남에 관한 이야기다. 생명의 환희와 살아

있음에 대한 감사가 주류를 이루는 대화다. 그대와의 간절한 대화는 언제나 그대가 나보다 조금 높은 시선 위에 있을 때다. 주로 나는 그대를 쳐다보며 오늘 하루 나의 고민이나 내가 소원하는 바를 조용히 들려준다. 매일 반복되는 나의 이야기에도 그대는 지루해하거나 고개를 돌리지 않는다. 언제나 귀 기울여 조용히 들어준다. 대체로 우리의 대화는 일방적인 것처럼 보인다.

그러나 그대는 내 이야기에 대한 답변을 내 마음에 전하고, 그 답변을 내가 찾아내게 하는 자문자답 식의 대화를 즐긴다. 그대는 늘 내 질문에 대한 대답을 내 안에 준다. 내가 어리석어 그 대답을 미처 찾지 못할 때도 있지만 나는 안다. 그대의 답변이 내 안에 있다는 것을. 나는 한 번도 이 자문자답의 화법에 불만을 가진 적이 없다.

조용한 저녁이거나 밤. 둥두렷 떠오르는 이 천체와 나누는 대화는 생의 또 다른 기쁨이다.

아버지의 젊은 날의 목소리

고향 친지로부터 주례를 서 달라는 부탁을 받았다.
코로나19가 무섭기는 해도 그런 일마저 거절하는 건 예의가 아닌 것 같았다. 당일로 되짚어 오는 KTX 표를 예매했다. 돌아오는 표는 넉넉하게 오후 3시로 잡았다.
예식은 오전 11시였다. 생각보다 많은 이들이 축하해 주러왔다. 나는 내게 맡겨진 일을 그런대로 잘 마쳤다. 내 소임을 다 했으면 얼른 일어나야지, 주례했답시고 눌러 앉아 있는 게 불편했다. 나는 열차표를 구실로 자리에서 일어났다.
하지만 열차 시간에 대려면 3시간이나 남았다.
예식장소 인근 호수 주변의 습지와 습지를 따라난 둑길을 걸었다. 오랜만에 걸어보는 여유다. 소년 시절, 아버지는 병석에 누운 어머니를 두고 혼자 일하셨다. 그때 내가 아버지를 돕는 일은 소 먹이는 일이었다. 소는 농사일을 하시는 아버지의 분신이나 다름없었다. 어렸지만 소가 힘이 있어야 아버지도 덜 힘들다는 걸 알았다. 호숫가에 나와 늦도록 소를 먹여 일몰쯤 소와 함께 집으로 돌아오던 길이 바로 이 습지의 둑길이다.
그 일을 떠올리려니 아버지를 따라다니며 농사일을 거들

던 그 논이 떠올랐다. 그리 멀지 않은 곳에 있는 골논이다. 모안리 산과 산 사이에 있는 780평 논이다. 큰 논배미와 그 위의 작은 논배미 둘로 이루어진 천수답이다. 작은 논배미는 대체로 수렁이었다.

언젠가 아버지는 그 논을 가시다가 소와 함께 수렁에 빠지신 적이 있었다. 조금만 더, 조금만 더 하시다가 그만 빠지셨다. 아버지도 소도 허리춤까지 쑤욱 빠져들었다. 어린 나는 허둥지둥했다. 아버지는 내게 논둑에 준비해 둔 가마니를 던지라고 했다. 아버지는 내가 던진 가마니를 의지삼아 수렁을 나오셨다. 그러나 소는 빠져나오려 몸을 움직이는 바람에 점점 빠져들었다. 끝내 소는 눈을 희번덕거리며 불안한 기색을 보였다.

"놀라지 마라! 어떻든 너를 구해주마."

아버지는 나직한 말로 소를 진정시켰다.

아버지는 이윽고 소가 보는 앞에서 다시 수렁에 들어가셨다. 이렇게 수렁에 빠지며 너를 구하려 한다는 걸 보여주시는 듯했다. 그러고는 아버지가 짚고 나오신 가마니를 소 발 앞에 욱여넣으셨다. "이걸 밟고 나오너라." 아버지의 말대로 소는 어찌어찌 가마니를 그루터기 삼아 간신히 수렁에서 나왔다.

"장하구나! 네 그럴 줄 알았다."

아버지는 당신이 닦으시던 맥포수건으로 소 잔등에 흠뻑 배어나온 땀을 닦아주셨다.

나는 그때 그 생각을 하며 골논으로 올라가는 소나무 숲 길을 찾았다. 그러나 아버지 안 계시는 이 세상처럼 그 길도 세월에 묻혀 사라지고 없었다. 나는 오래된 과거의 기억을 헤집어 내어 마침내 그 골논에 당도했다.

아, 아버지!

나는 아버지를 뵙듯 논바닥에 무릎을 꿇었다. 수렁에 빠진 소의 잔등을 닦아주시던 그 옛날의 아버지가 어디선가 나를 보고 계실 것 같았다. 나는 다시 일어나 가족을 먹여살리기 위해 애쓰시던 아버지의 논바닥을 꾹꾹 밟아 나갔다. 그런데 보니 논은 이미 논이 아니었다. 여기저기 드릅나무를 심어놓은 밭이 되어 있었다. 논농사 지을 사람이 없다며 논을 메워 아는 이에게 빌려준다던 큰조카의 말이 떠올랐다.

휴대폰을 열어 보니 벌써 2시다. 나는 아버지의 논에서 나와 지나가는 택시를 잡았다.

'조심해 가거라!' 그러는 아버지의 젊은 날의 목소리가 등 뒤에서 들려오는 듯 했다.

4장 행복한 몰입

옥상 위의 카페

반쯤 열린 창문으로 바이올린 소리가 들려온다.

위층에서 누군가 음악을 듣고 있으려니 했다. 나도 가끔 유튜브 음악을 들으면서 아래위층분들의 조용한 시간을 방해할까 걱정했었다. 창문을 닫았다. 닫고 나자, 소음 같던 바이올린 소리가 오히려 질서를 잡으며 바르게 들려온다.

'저 여린 가지 사이로 혼자인 날 느낄 때 이렇게 아픈 그대 기억이 날까.'

김현식의 '내 사랑 내 곁에'를 누군가 바이올린으로 연주하고 있다.

근데 들려오는 방향이 위층이 아니다. 나는 창문을 열고 창밖으로 고개를 내밀었다.

저쯤 아래 내려다보이는 그 카페 옥상이다.

아파트 길 건너편 카페. 요 몇 달 전에 카페를 낸 그 카페 옥상에서 바이올린 소리가 들려온다. 옥상엔 파라솔 그늘에 커피를 마시는 이들이 있었는데 어느 날 파라솔이 사라지고 아라비안 스타일의 흰 천이 여러 개 쳐져 있었다. 재미있는 카페가 주택가에 들어섰다.

오늘은 여러 사람을 앞에 두고 누군가 바이올린을 켜고

있다. 길 건너지만 우리 집이 4층이라 또렷이 들린다. 줄무늬 티셔츠의 여자다. 초록 잔디 옥상과 그 위에 친 하얀 천들, 그리고 깨끗하게 쏟아지는 오후의 햇빛과 바이올린.

연주가 끝나자, 사람들이 손뼉을 치며 환호했다. 그런 환호 소리도 축제처럼 좋다.

카페는 처음부터 좀 독특했다. 옥상에서 그림책 판매도 하고, 바자도 하고, 얼핏 보아 팀들의 회의도 그 천막 그늘에서 했다. 때로는 FM에서 실황 중계하는 기타나 피아노곡도 틀었다.

'힘겨운 날에 너마저 떠나면……'

나도 모르게 '내 사랑 내 곁에'를 흥얼거리며 창문을 닫았다. 좀 전의 풍경과 달리 가슴 한구석이 텅 비어가는 듯 우울해졌다.

그 일이 있고 며칠째 비가 내렸다.

부안에 일이 있어, 예매한 버스를 타고 아침 일찍 내려갔다.

무사히 일을 마치고 오후 7시쯤 서울로 돌아왔다. 무거운 걸음으로 아파트 후문에 들어설 때다. 환하게 불을 켠 그 카페 옥상에서 다시 음악소리가 들렸다. 나는 걸음을 바꾸어 그 카페에 들어섰다. 그리고 아래층에서 커피 한 잔을 사 들고 옥상으로 올라갔다.

젊은 여자분이 불빛을 받으며 플루트를 불고 있다. 곡이 끝나자, 그녀가 박수를 받으며 인사를 했고, 나는 비어있는 의자에 앉아 커피 한 모금을 마시며 다음 곡을 기다렸다. 그녀가 다시 플루트에 입술을 댔다.

점점 어두워져 가는 밤, 플루트에서 감미로운 곡이 흘러나왔다. 다들 귀를 기울였다. 귀에 익은 포레의 '시실리엔'이다. 6월 밤에 어울릴 듯한 곡이다. 서울이라는 도시, 도시 속 카페, 카페 2층 옥상, 하얀 천막에 어룽대는 붉은 불빛과 낯설지만 마음이 따스해 보이는 사람들.

근처에 아파트가 있고, 주택들이 있다고 해도 전혀 그분들의 밤을 방해할 정도가 아닌 약간 슬프거나 외로움이 느껴지는 시실리엔은 밤의 불빛처럼 부드러웠다.

그녀의 연주가 끝나자, 그들 속에 끼여있는 나도 그들과 함께 손뼉을 치며 우우우, 환호를 보냈다. 하지만 그런 소동도 이미 고요해질 대로 고요해진 밤의 정적 속으로 잔잔히 묻혀버려 소란스럽지 않았다.

모여 앉은 이들의 연배와 나의 연배가 너무 차이가 났다. 나는 어쩌면 마지막이 될지 모르는 곡을 들으며 옥상 계단을 내려왔다. 다 마신 커피잔을 계산대에 두고 카페를 걸어 나오는 내 몸이 가벼워진다. 부안까지 버스로 왕복 6시간. 낯선 타지에서 일을 마치느라 긴장한 피로가 포레의 시실리엔으로 말끔히 지워진다.

집에 들어와 카페의 옥상을 내려다본다. 별하늘처럼 작은 점멸등들만 반짝이고 있다.

얼룩말이 담장을 넘다

얼룩말이 차도의 중앙선을 달리고 있다.

나는 텔레비전 뉴스를 보며 이게 뭔가 싶어 깜짝 놀랐다. 가득한 자동차 행렬과 그 차량들 사이를 달리는 얼룩말. 너무도 어울리지 않는 이 두 대상을 조합하느라 나는 잠시 얼떨떨했다. 그러면서도 눈을 떼지 못했다.

얼룩말이 아프리카에서 방금 우리나라로 달려왔다면 이건 너무나 즐거운 상황이다. 아니 얼룩말을 싣고 날아가던 헬기에서 얼룩말이 방금 뛰어내렸다면 이것 역시 너무너무 재미있는 상황이다. 이도 저도 아니라면 이건 느닷없이 나타난 어느 초현실주의 작가의 작품일 수 있다. 허공중에 붕 떠 있는 르네 마그리트의 '피레네의 성'처럼 이 상황은 낯설다. 하늘에서 겨울비 대신 양복쟁이 사내들이 떼거지로 내려오는 그의 대표작 '골콩드' 같이 황당하고 낯설고 충격적이다. 이건 문명과 자연의 갑작스런 충돌이다.

뉴스 말미에서야 알았지만 얼룩말은 우리나라 어느 동물원을 탈출했다. 그의 이름은 '세로'이고, 얼룩말들의 나이로 치자면 5살이란다. 5살이면 사람의 나이로 어떻게 되는지 잘은 모르겠지만 어떻든 늠름해 보이고 또 침착하기까지 하다. 내가 얼룩말이 되어 본 적은 없지만 그 정도 나이라면 동물원 바깥에 또 다른 세계가 있다는 것쯤은 알고 있었겠다.

그곳은 사철 따뜻한, 무리 지어 행복하게 살 수 있는 땅. 그곳은 오래전 그의 부모로부터 간간히 들어온 아프리카의 한 초원일 거라 믿으며 살아왔을지 모른다. 아프리카와 우리가 사는 대륙 간의 거리를 잘 모를 테니 세로의 부모도 세로도 동물원에서 탈출한다면 언제든 가 닿을 수 있는 곳이라 믿기도 했겠다. 먹을 것이 풍부하고 자유로이 들판을 달릴 수 있는 그곳. 세로는 자신이 불행하다고 느낄 때마다 담장을 뛰쳐나갈 결심을 했을 테다.

세로에겐 동물원에서 탈출할 이유가 하나 더 있다.

태어나고 2년 만에 부모를 잃었다. 그리고 외롭게 3년을 더 살아 우리 나이로 5살이 되었다. 태어나자마자 일어서고 달리는 그들의 풍습에 비춰볼 때 5살은 세상을 얕보거나 한번 마음먹으면 대열도 이탈하는 대범함을 보일 나이이다. 부모를 잃은 허탈함과 고독과 주체할 수 없는 아프리카에 대한 그리움, 문틈 사이로 봄바람을 타고 들어오는 자유에 대한 아득한 향수.

결국 세로는 굳게 닫힌 자신의 내부에 세워진 담장을 무너뜨리고, 동물원 우리를 쓰러뜨리고 자유를 찾아 동물원 바깥세상으로 탈출했다.

그러나 그 짧은 순간 세로가 만난 건 꿈꾸던 초원이 아니었다.

그는 차도의 중앙선을 밟으며 한순간 질주의 기쁨을 맛보다가 이내 포기하고 주택가 골목 안길로 접어들었다. 거기서 잠시 자신을 위해 길을 멈추어 주는 배달 오토바이를 만나고, 탈출을 응원하는 동네 아이들을 만나고, 자신을 향해 마주 걸어오다가 자신이 놀랄까 봐 못 본 척 돌아서서, 아닌 척 뒷짐 지고 사라지는 아저씨도 만났다. 그 순간 얼룩말 세로는 이곳이야말로 자신과 사람이 함께 살 수 있는 또 다른 천국이라 생각했을지 모른다. 우리가 사는 이곳이야말로 얼룩말과 함께 살 준비가 언제든 되어 있는 곳임을 그들을 보며 알았겠다. 그 때문일까. 가끔 얼룩말이나 캥거루, 기린, 코끼리 등이 동물원을 뛰쳐나와 주기를 바란다.

그런 상황이 오면 나도 그들을 위해 가던 길을 양보할 수 있다. 그들이 길 위에 실례해 놓은 것이 있다면 그걸 거두어 텃밭에 거름으로 쓸 준비가 되어 있다. 물론 그들을 그들의 고향으로 보내준다면 더 바랄 게 없겠지만.

목침을 베고 눕다

연일 폭염이다.

여름이라면 당연히 더울 일이다. 하지만 겪어볼수록 폭염의 강도가 해마다 세지는 느낌이다. 밤잠을 설치다 보니 자연 한낮이면 저절로 눈이 감긴다.

간단한 자리를 깔고 목침을 찾아 벤다. 여름엔 역시 목침이 좋다. 머릿밑이 후텁하지 않아 좋고, 두통을 막을 수 있어 좋고, 단단한 소나무 질감과 솔향이 무엇보다 좋다.

몇 해 전이다.

남한산성 길을 타고 오를 때다. 산굽이를 돌아가는 어느지점에 아담한 사찰이 나왔다. 중수를 하려는지 절 마당한쪽이 쌓아놓은 목재로 가득했다. 목수 두어 분이 잠시쟁기를 놓고 땀을 닦고 있었다.

절 마당으로 나 있는 길을 건너는데 내 눈에 잘려나간 작은 나무토막 하나가 들어왔다. 나무토막을 집어 들고 이리저리 보는 내게 늙수그레한 목수 한 분이 왜 그러냐고물었다.

"갑자기 아버지가 베시던 목침 생각이 나서……"

내가 우물쭈물 대답했다.

그러자 그분이 어디 좀 봅시다, 하며 일어섰다. 그분은 내 손에 들린 나무토막 대신 반듯하고 흠 없는 것을 집어 들고는 몇 개나 만들고 싶냐고 물었다.

나는 순간 욕심이 일어 두 개라고 대답했다.

당시 내가 좋아하는 시골 출신 문학지 발행인이 떠올랐다. 만나뵐수록 그분의 성향이 나와 비슷했다. 그분도 목침쯤은 사랑하고도 남을 분이었다.

목수분은 군말 없이 나무토막을 말끔하게 대패질했다. 목침을 아시는 분 같았다. 대패질한 나무토막을 목침에 딱 맞게 두 덩어리로 잘라서는 내 앞에 내밀었다. 이 우연한 행복감에 취해 나는 염치없이 덥석 받았다. 그러고는 등산바지에 넣어온 점심값을 부끄러운 줄 모르고 내밀었다. 목침이나 잘 쓰라며 그분은 한사코 사양했다.

그렇게 얻어온 목침 하나를 내가 아는 그분에게 소포로 보내고, 남은 하나는 여름이나 가을 휴일이면 빈둥빈둥 내가 베고 즐겼다. 어릴 적 고향 아버지도 여름이면 목침을 가까이 하셨다. 점심을 마치고 나시면 마당가 오동나무 그늘에서 목침을 베고 달게 오침을 하셨다. 평생 농사일만 하시는 아버지도 여름이면 그런 한가함을 잠깐이나마 누리시곤 했다.

지난해 여름쯤이다.

내게서 배운 제자가 제 아내가 담갔다며 샐러리로 만든 물김치 한 통을 들고 아내와 함께 찾아왔다. 나는 그걸 고맙게 받고는 하노이 어느 화랑에서 산 그림 몇 점을 답례로 주었다.

그러고 이틀 뒤다. 다시 전화가 걸려 왔다.

"선생님! 목침 커버, 여기 경비실에 놓고 갑니다."

그런다. 저번에 왔을 때 제 아내가 거실에 놓인 맨쌀둥이 목침을 보고 손수 만들었다는 거다. 나는 고맙다는 인사를 하고 경비실에 맡겼다는 커버를 찾아왔다. 남색 천에 얇은 솜을 넣고 재봉틀로 누비질하였는데 물김치 솜씨도 좋지만 재봉틀 솜씨도 좋았다. 목침을 감아, 붙여놓은 벨크로를 마주 대니 맞춤처럼 아귀가 딱 맞다. 눈썰미가 놀라웠다.

제자는 그 후, 다니던 회사를 그만두고 실리콘밸리로 떠나며 꼭 놀러 오라는 인사를 했다. 다행히 그쪽의 도움으로 샐러리를 심을 수 있는 근교에 집도 구했다는 이메일이 왔다.

오늘, 선풍기를 켜고 목침을 벤다. 남한산성 사찰의 중수는 잘 되었는지, 제자는 이국에서 아들 둘을 잘 키우고 있는지, 문학지를 하는 그분은 지금도 목침을 잘 쓰는지 궁금하다.

아내의 생일 선물

설이 지나면서 겨울이 점점 깊어간다.

바쁜 1월의 모임과 행사도 모두 마쳤다. 그제야 안성집이 생각이 났다. 물을 조금 틀어놓기는 했지만, 점점 심해지는 한파에 집안 수도가 얼까 걱정됐다. 그동안 사람들을 만나며 부대꼈으니 좀 춥기는 해도 안성에 내려가 조용한 시간을 갖고 싶었다.

"먹을 걸 좀 챙겨 줘."

내 부탁에 아내는 평소처럼 아무 말 없이 반찬 몇 가지와 국을 만들어 줬다.

그걸 싣고 부랴부랴 안성으로 내려왔다.

지난번에 온 눈이 아직 그대로다. 틀어놓은 수돗물을 살폈지만 다행히 얼지 않았다.

집안을 정리하고 마당에 나섰다. 건너편 목수 아저씨네 나무 보일러 굴뚝에서 하얀 연기가 펑펑펑 아랫마을 쪽으로 빠르게 날아간다. 어쩌면 지금 목수 아저씨네 손자들이 보일러 아궁이에 고구마를 던져 넣고 그게 익기를 기다리고 있을지 모르겠다.

쇠스랑을 꺼내어 보리수나무 밑에 만든 유기농 거름더미를 한번 뒤적여 주고, 지나가는 이웃 분들과 새해 인사를 나누고, 그러다 보니 하루가 금방 간다.

아내가 싸준 반찬으로 저녁을 먹고 있을 때다.

방학이라 집에 와 있는 딸아이한테서 문자가 왔다.

"아빠, 오늘 엄마 생일인 거 알아요?"

순간 마음이 철렁! 했다.

아내의 생일도 모르고 천연덕스럽게 짐을 챙겨 내려오다니! 너무 무심했다. 무엇보다 미안한 건 오늘이 생일인 줄도 모르고 집을 나서는 나를 보고 아내는 속으로 뭐라고 했을까. 며칠 전부터 안성 이야기를 했으니, 아내는 내가 가는 일을 방해하지 않으려고 생일이라는 말을 하지 않았을지 모른다. 그나저나 이미 엎질러진 물이 되고 말았다.

나는 부랴부랴 생일 축하 문자메시지를 보냈다.

"아빠, 그것만으로는 안 될걸요."

아내는 침묵하고 딸아이가 중간에서 제 엄마의 심정을 전하는 것 같았다. 정말 딸아이 말처럼 이대로 있다가는 후일을 감당치 못할 것 같았다.

내친김에 아내에게 전화를 걸었다. 아내가 받았다. 아내 마음을 풀기 위해 나는 일 없이 웃으며 내 능력 이상의 선물들을 이것저것 들먹였다.

내 말을 다 듣고 난 아내가 간단히, 그리고 짧게 말했다.

"선물 말고 현찰로 줘."

아내의 그 말에 나는 속으로 휴우, 했다. 이거야말로 아내의 마음이 풀렸다는 증거니까. 전화를 끊는데 저쪽에서 구원의 손길처럼 아내의 웃음소리가 아련히 들려왔다.

언젠가부터 아내는, 입에 담기 좀 뭣하지만 선물 대신 '현찰'을 요구했다. 나는 그 쿨한 요구가 오히려 편했다. 선물은 생각만 해도 머리가 아프다. 마음에 안 들 때 날아오는 '그렇게 살아놓고도 내 마음 참 모르네!' 하는 비난까지 감수해야 한다.

거기에 비한다면 현찰은 정신 건강에 좋다.

근데 나는 어쩌다 그 '현찰'이 가는 곳을 어렴풋이 알게 됐다. 장모님이 요양병원에 입원하시던 그 무렵부터다. 해마다 내가 모르는 요양병원에서 보내오는 감사의 답례품이 있었다. 아내는 말하지 않았지만, 그곳이 아내가 '현찰'을 보내는 또 다른 병원이었다.

봄밤, 산장의 여인

"아무도 날 찾는 이 어없는……"
우리가 앉은 탁자 건너 건너편 여자분이 '산장의 여인'
을 부른다.
부르긴 하지만 한 소절, 그쯤에서 노래를 그친다. 그러고
는 음식점에서 노래 부르는 게 미안했던지 우리를 바라
보며 "손님, 미안합니데이." 한다.
반쯤 술에 취한 목소리다.
합석한 여자분이 언니, 올해 몇인데 손님 있는 음식점에
서 노래 불러? 하며 농을 한다.
"내가 몇 번 말해줘야 아냐? 이 언니가 소띠라구! 소띠!"
두 분은 우리가 이 음식점에 들어오기 전부터 술을 마시
고 있었다.
아내와 나는 동해안 사천에 일이 있어 내려왔다가 1박을
할 생각으로 여기 속초까지 왔다. 밤 8시 30분. 물치항
생선회 센터를 찾아가다가 혹시 싶어 이 불켜진 매운탕
음식점 안을 들여다봤다. 손님 두 분이 있었다. 다행이다
싶어 문을 열었다.
여자 두 분은 식사가 아니라 술을 마시고 있었다.
나는 아내와 함께 그들과는 좀 떨어진 자리에 앉았다.

"아무도 날 찾는 이 어없는……"

칠십 중반의 그 소띠 여자분이 노래를 부르다 말고, 우리를 보며 또 "손님, 미안합니데이." 한다.

나는 음식을 시키며 "괜찮습니다. 기분 좋으신가 본데, 노래 부르세요." 그러며 아내를 봤다.

아내가 싱겁게 술 취한 사람 말에 끼어들지 말라는 눈치다.

창밖은 컴컴할 대로 컴컴한 밤,

이 낯선 동해안 작은 항구 근방의 음식점에서 듣는 여자분의 노랫소리가 싫지 않았다. 바닷가 마을에서 오래 사신 듯 그분의 얼굴에 고된 삶의 흔적이 배어있었다.

이윽고 마음씨 좋아 보이는 여주인이 우리가 주문한 해물탕 냄비를 들고 왔다.

아내가 재료가 무슨 생선이냐고 물었고, 여주인은 이 근방에서만 나는 망치며 장치라고 일러줬다. 그러면서 "우리 언니가 오늘 생신이라 한잔하는 겁니다. 이해해 주소." 했다.

"아, 생신요! 적적한 봄밤에 부르는 노래. 거 듣기 좋네요."

소띠 여자분이 내 말을 들었는지, 또 그 '아무도 날 찾는 이 어없는'을 불렀다.

우리의 식사가 거의 끝나갈 무렵 두 분은 식당 여주인하고 길 건너편 술맛 좋은 집으로 생신 축하주 한잔 더 하러 간다며 일어섰다.

"노래 잘 부르시던데 제대로 한 곡 부르고 가세요."

뜻밖에도 아내가 소띠 여자분의 걸음을 멈추어 세웠다.

그분이 선 채 '산장의 여인'을 불렀다.

아내도 나도 그분의 노래를 따라 불렀다. 합석했던 친구분도, 음식점 여주인도 함께 비장한 투로 불렀다. 노래를 마치자, 우리는 그분의 생신을 축하하며 힘찬 박수를 보냈다.

이윽고 그분들은 '술맛 좋은 집'으로 나갔다. 그때까지 기척없던 남자 주인이 내실 문을 열고 나왔다.

식사하시는데 소란 떨어 미안하다며 우리에게 그 연유를 귀띔했다.

소띠 여자분과 40년 넘게 알고 지내는 사이라는 것과 그분의 남편이 풍으로 요양원에 가신 지 2년이나 됐다는 걸 말했다. 그제야 그분이 '아무도 날 찾는 이 어없는'을 부르고 또 부른 까닭을 알 것 같았다.

늦은 저녁 식사를 마치고 음식점을 나왔다.

숙소로 돌아오며, 생일 축하주를 서로 권하며 어디선가 '산장의 여인'을 부르고 있을 여자분들의 봄밤 정취를 떠올려 본다.

폭풍우 치는 밤의 오두막집

폭풍우가 거세게 몰아치는 밤입니다.

비를 피해 염소 한 마리가 간신히 오두막집에 찾아들었습니다. 아, 안심이다! 하는 그 순간, 발목을 삔 늑대 한 마리가 이 깜깜한 오두막집에 찾아들었습니다. 서로를 알아볼 수 없을 만큼 깜깜한 오두막집에서 둘은 그렇게 만났습니다.

"당신이 와서 마음이 한결 놓이네요."

염소가 어둠 속 그를 향해 말했습니다.

"천둥 치는 밤에 이런 오두막에 혼자 있었다면 나라도 좀 불안했을 거예요."

늑대는 어둠 속 그의 마음을 이해할 것 같았습니다.

"어디 사세요?"

염소가 묻는 말에 늑대는 바람골짜기에 산다고 했습니다. 그 말에 염소는 잠시 놀랍니다. 거기는 늑대들이 모여 사는 곳이기 때문입니다.

바람골짜기가 위험하지 않냐고 염소가 물었습니다.

조금 험한 곳이긴 하지만 살기에는 괜찮다고 늑대가 대답했지요.

"당신은 어디 사세요?"

이번에는 늑대가 염소에게 물었습니다. 염소는 초록풀언덕에 산다고 말했지요. 그 대답에 늑대는 군침을 흘립니다. 거기는 염소들이 사는 곳이고 염소는 늑대들의 좋은 밥이니까요.

"저는 거기에 자주 간답니다."

늑대가 입을 쩝쩝거리며 말하자, 맛있는 풀을 생각하며 염소가 소리칩니다. "저도 자주 간답니다." 하고.

서로 마음이 맞는다는 것이 너무도 신기하고 반가웠기 때문입니다. 초록풀언덕을 떠올리자, 늑대는 갑자기 배가 고파왔고, 배에선 꼬르륵 소리가 났습니다.

그때 번개가 치고 요란한 천둥이 꾸르릉 울렸습니다.

둘은 이 무서운 천둥소리에 자신도 모르게 서로를 껴안습니다.

이윽고 무시무시한 폭풍우가 그치고 밤하늘엔 별이 뜨고 있었습니다.

"날씨가 좋아지면 우리 식사라도 같이 해요!"

염소는 곧 헤어지게 될 작별이 아쉬웠습니다.

늑대와 염소는 내일 해가 뜨면 이 오두막집 앞에서 만나자고 약속합니다.

얼굴을 모르니까 '폭풍우 치는 밤에' 그 말을 서로 꺼내며 만나기로 하고, 둘은 캄캄한 오두막집을 나와 제가 갈 길을 걸어갑니다.

키무라 유이치의 '폭풍우 치는 밤에' 라는 이야기 동화를 간추려 보았습니다.

나는 책을 덮으며 생각했지요. 해가 뜨면 서로 만나게 될까. 만날 수 없다면 그것을 방해하는 것은 무얼까. 빛이 아닐까 했습니다. 빛은 사물을 분별하게 합니다. 염소가 늑대에게 잡아먹힌다거나 늑대가 염소를 잡아먹는 이 일은 오랜 분별력 때문에 생긴 거지요. 빛은 생명의 동력이기도 하지만 '내 편과 네 편'을 가르는 분별력도 가지고 있지요.

염소와 늑대가 오두막집에서 서로 사이좋게 이야기하고, 천둥소리에 서로를 껴안아도 아무렇지 않았던 까닭은 거기에 세상을 분별하는 빛이 없었기 때문입니다. 우리는 세상에 대해 너무 많이 알려고 하는 게 아닌가요. 혹시 너무 많이 알고 있는 그것이 오히려 우리를 더욱 불행하게 하는 건 아닐까요.

폭풍우 치는 오두막집의 하룻밤, 우리의 세상이 단 하루라도 좀 그랬으면 좋겠습니다.

개쪽 줍니다

아내가 옷장에서 옷을 꺼내 봄옷 정리를 한다. 언뜻 내 눈에 띄는 바지가 있다. 오래전, 직장에 다닐 때 즐겨 입던 베이지색 면바지이다. 그걸 집어들고 나와 예전에 하듯 다리미로 바지를 다렸다. 바지통이 넓긴 해도 옛 옷의 정취가 있다. 다린 바지를 입고 놀이터 쌈지 도서관을 찾았다.

휴일 오후라 아이들이 많이 나왔다.

나는 의자에 앉아 그림책 한 권을 꺼내 들었다. 틱낫한 스님의 '내 마음의 샘물'이다. 봄볕에 책을 펴고 한 장 한 장 읽어가고 있을 때다.

"아저씨, 축구선수 한 명이 모자라 그러는데."

초등학교 3학년쯤 돼 보이는 사내아이가 내 앞에 와 섰다.

"같이 차 주세요. 다섯 명이 하는 축구라 꿀잼 있어요."

함께 온 노란 바지 사내아이가 꿀잼이라는 말로 나를 유혹했다.

나는 제 자리에 책을 꽂아놓고 달려 나가 노란 바지 편이 되어주었다. 어리다고 만만히 볼 축구가 아니었다. 아이들은 그야말로 꿀잼 있게 뛰고 달리는데 나는 애들을 쫓아다니는 것만으로도 힘들고 숨찼다. 우리 팀이 자꾸 지자, 나에 대한 실망이 커 보였다. 나는 자진해 쫓겨나듯 밀려나왔다. 나와서도 그들을 한참이나 응원하다 슬그머니 동네 길로 들어섰다.

그 나이 때엔 축구도 꿀잼일 테고, 물구나무서기도 꿀잼일 테다.

길모퉁이에 편의점이 있다. 콜라 한 캔을 샀다. 그걸 마시며 편의점을 나와 막 돌아설 때다. 편의점 벽에 큼직한 종이 한 장이 붙어있다.

'여기다 쓰레기 버리지 마세요. 꼬리 잡히면 개쪽 줍니다. 점주'

누군가의 무단히 버리는 쓰레기가 편의점 주인을 성가시게 하는 모양이다. 내용이 그러한데도 나는 싱긋이 웃었다. '개쪽 줍니다' 라는 말이 재미있어서다. 스마트폰을 검색했다. 엄청 쪽 팔리게 해주겠다는 조어다. '쪽 팔린다' 는 비속하게 느껴지지만 '개쪽 준다' 는 왠지 이 말을 부리는 주인의 격한 감정이 많이 누그러진, 좀 얌전한, 그런대로 교양 있는 느낌으로 다가온다. 비속한 조어인데도 나름대로 편의점 주인의 인성이랄까 그런 게 묻어난다.

언젠가 동네 꽃가게에 부랴부랴 딸아이의 생일 꽃을 사러갔을 때다. 하필 가게 문이 잠겨있었다. 가게주인을 탓하며 돌아서는 내 눈에 문에 붙은 메모지가 보였다.

'지금은 신혼여행 중입니다.'

그때 나는 불평하던 마음을 버리고 웃음 지으며 돌아왔다. 지금 신혼여행 중에 있을 꽃집 아가씨를 떠올리자, 덩달아 나도 행복해졌다.

직장 근처에 있는, 어느 골목길에서 만난 낙서도 한동안 내 마음을 흔들었다. 그때 나는 골목길을 내려가고 있었는데 한길이 내다보이는 막다른 담장 벽에서 이런 낙서를 보았다.

'너를 생각하며 돌아선다. 가현2'

학생이 한 낙서 같았다. 그 누군가를 생각하며 여기까지 왔다가 더는 다가가지 못하고 돌아서는 '가현2'는 누구일까. 막다른 담벼락에 조용히 글을 남기고 돌아갔을 그의 마음이 찡하게 느껴졌다. 비록 그게 낙서이긴 해도 그글을 읽는 순간 갑자기 골목길을 걸어가는 그 동네 젊은학생 애들이 멋있어 보였다.

으름장을 놓는 경고문이든, 휴업을 알리는 안내문이든, 실연의 낙서든 거기엔 분명히 그 글을 쓴 사람의 성품이 나타난다. 좋은 글이란 따스한 기억으로 오래 남는다.

아들네미 인물 참 좋구먼

지하전철에서 내리면 마을버스를 타러 가야한다. 십여 분 거리다. 아침 출근길이 도통 바쁘다. 부지런히 찾아간 느티나무 아래에 학교 앞을 지나가는 마을버스가 와 있다. 버스에 올랐다. 첫 출발지라 타는 이가 많아야 너댓 명이다. 버스가 출발해 두 번째 정류장에서 섰을 때다. 50대 후반의 퍼머머리를 한 아주머니가 올랐다. 다리가 아픈지 무릎을 잡고 올라와서는 바로 내 앞 의자에 '에쿠' 하며 앉았다. 거기서 버스는 다시 출발했고, 세 번째 정류장에서 버스는 다시 멈추었다. 중학생 하나가 올라오더니 출입문 바로 곁에 있는 의자에 앉았다. 그 뒤를 이어 또 한 명의 키 작은 여자분이 올랐다.

"아니, 어딜 가려고 이 차에 올랐어?"

내 앞에 앉은 아주머니가 그 여자분을 보고 소리쳤다.

지금 올라온 여자분이 이쪽을 보며 버스기사 뒷자리에 앉았다.

서로 얼굴을 아는 사이 같았다.

"우우우리 아들, 학교 데데려다 주주러요. 그그근데 어어디를?"

여자분이 출입문 곁에 앉은 중학생을 가리키며 대답했

다.

돌아다보는 자그만한 얼굴이 주름투성이다. 얼핏 보기에
도 힘들게 세상을 사시는 분 같았다. 말도 어눌하고, 좀
부실해 보였다.

"나야 일하러 가지. 근데 뭣 하러 중학생을 데려다 준대!"

아주머니가 건너편에 앉은 남자 중학생의 뒷모습을 보며
물었다. 나도 그분의 시선을 따라 그 학생을 보았다. 내
가 근무하는 학교의 교복이 아니었다. 마을버스를 타고
등교를 하는 우리 학교 학생이라면 나도 웬만큼은 안다.
근데 아니다. 우리 학교까지는 여기서 불과 두 정류장이
다. 그 두 정류장을 가자고 마을버스를 탈 리는 없다.

"아아아직 하학교에 혼자 모못 가요. 머머먼데 떠떨어져
서"

키 작은 여자분이 몸을 돌려 아주머니를 보았다. 그러면
서 부끄러운 듯 수줍게 웃었다.

먼데 중학교라면 이 마을버스로 여섯 정류장을 더 가면
있다. 그 거리를 이 바쁜 시간에 엄마가 데려다 주다니!
지금이 5월 중순이니 중학교에 입학 한 지도 벌써 석 달
째다. 학생은 자꾸 창쪽으로 몸을 움츠리더니 엄마 쪽으
로 고개를 돌렸다.

"아들네미 인물이 참 좋구만!"

아주머니가 뜻밖에도 그 말을 했다.

그 말을 듣는 순간, 나는 깜짝 놀랐다. 어딘지 좀 부실해

보이는구나, 그 생각을 하고 있었을 때였으니까. 근데 그런 때에 던지는 아주머니의 그 말은 내 뒷통수를 꿍, 치고도 남음이 있었다. 나보다 앞자리에 앉았으니 필경 나보다 그 학생을 더 잘 보았을 텐데도 아주머니는 그런 말을 불쑥 했다.

그 말을 들은 여자분의 얼굴에 자랑스러워하는 웃음빛이 피어올랐다. 창만 바라보던 학생도 이쪽, 즈이 엄마쪽으로 몇 번이나 얼굴을 돌려 무언가를 말했다. 부끄러워하던 마음이 조금씩 풀려나는 모양이었다.

다시 보니 얼굴이 큼직하고 선해 보였다. 이제 두 정류장을 더 가면 나는 내린다. 그 두 정류장을 가는 동안 학생은 엄마에게 뭐라 뭐라 말도 걸고, 손짓도 하고 그랬다.

나는 교문 앞에서 내렸다.

내리고도 떠나가는 마을버스를 한참이나 바라봤다. 그 아이는 오늘 그 낯모를 아주머니에게서 들은 '인물이 참 좋구만!' 이라는 말을 평생 간직하며 살 지도 모르겠다. 삶이 힘들고 자신감을 잃을 때마다 그 말을 자신의 존귀함을 지탱해가는 말로 삼을 것이다.

나이를 먹는다고 다 어른이 아니다.

어떤 자리에서건 남에게 힘이 되는 노릇을 할 줄 아는 이가 어른이다. 남의 인생을 위해줄 줄 아는 그 아주머니의 나이가 부럽다.

남쪽의 젊은 시인 S에게

그대는 잘 있는지.
동회에 일이 있어 다녀오다가 동회 앞 목련꽃을 보며 그
대를 생각했다네.

복지관 앞
앙상한 그,
무얼 얻으려 서 있나 했는데
아니었어요.

오히려
환한 밥덩이 몇을
가만히 내놓는 것이었어요.

그대의 시 '목련꽃' 이지.
나는 발아래 떨어진 그대의 그 밥덩이 같이 하얀 목련꽃
잎을 한참 내려다보았지. 그러다가 그 밥 한 덩이를 집어
들었다네. 이 밥덩이 위에다가 그대에게 보낼 편지를 써
볼까 하다가 다시 있던 자리에 내려놓았지.
때 묻은 내 글을 쓰기에 그대의 밥은 너무 희고 순결하였

다네. 이제는 내가 세상일에 너무 많이 물들어서 풀잎이라 할지라도 그 위에 글을 쓰기가 미안하다네.

나는 그대를 한 번도 만난 적 없지만 그대의 시를 읽어보면 그대가 얼마나 솔직하고, 얼마나 마음이 여리고, 얼마나 조금 덜 가진 걸 사랑하고, 얼마나 하늘보다는 땅이라는 걸 더 사랑하는지, 얼마나 진실이라는 걸 좋아하는 사람인지 알고 있다네.

'이 시집을 누구에겐가 바치자 하니 그가 선뜻 받아 줄 것 같지 않습니다. 그래서 저는 이 시집을 손에 들고 한동안 어쩌지 못하고 있을 것 같습니다.'

그렇게 말한 '시인의 말'이 얼마나 솔직한지 눈물이 났다네. 어느 날 '바보'라는 말을 듣고 오히려 그 말에서 안도감을 느꼈다는 그대라는 사람을 나는 뭐가 부럽다고 이렇게 지금도 부러워하고 있다네.

나는 그 나이에 잘난 척하고, 세상을 얕보고, 폭우와 대적하고, 가파른 고산과 한설을 대적하며 그게 오만인 걸 모르고 오히려 패기인 줄 알며 살았지.

그러느라 나의 청년 시절은 단 한 곳을 향해 질주하느라 놓치고 만 것이 너무나 많았다네. '한 끼분의 밥그릇 깊이도', 이 세상이 '헛디디면 넘어질 만한' 함정이라는 것도 깨우치지 못했고, 추운 날 쇠스랑으로 두엄더미를 헤치면 '삶은 이 더러움 속에서 따뜻했다'는 날카로운 그대의 눈을 가지지 못했다네. 나는 사소한 일상을 아주 사소하게 옷을 입혀 내놓는 그대의 은유를 사랑하네.

그대의 그 간소한 시의 품성과 은유와 외로움과 '밥상다리처럼 순종' 할 줄 아는, 아니 순종을 사랑하는 그대의 순종을 나는 좋아한다네.

그것은 그대만이 홀로이 독점하고 있는 미덕이지. 그 까닭에 가끔 내 멋에 겨워 내 길을 달음박질쳐 가다가 멈추어 서면 먼저 그대를 떠올린다네.

그대가 친구 길수와 용달차를 몰고 '바닥에서 바닥으로' 다니면서도 '어딘가에 모르는 누군가가 살고 있을 것 같은' 세상에 대한 따스한 기대감을 나는 아주 좋아한다네.

시집을 바치자 하니 바칠 사람이 없다 하지만 어쩌면 그대의 시집을 받아줄 이는 이 보이지 않는 모습으로 살아가시는 그분들이 아닐까 한다네.

그대가 보유하고 있는 이런 많은 분들, 숨소리가 낮고 바스락거리는 가랑잎 같은 독자들을 가지고 있는 그대가 나는 부럽네.

그대를 사랑하기에 나는 가끔 그대라는 커다란 벽 앞에 서서 나를 들여다본다네. 나는 지금 어디로 홀로 가고 있는지, 길을 잃어버리고 서 있는 나를 찾을 때가 많다네.

나이를 자꾸 먹으면서 대체 몇 살까지 어린이를 위한다는 이 시를 염치없이 써야 하는지 그걸 종종 생각하네. 어린이 독자를 온전히 아는 일에서 나는 점점 멀어지고 있네. 시간을 많이 사용해도 내가 바라던 시와 자꾸 멀어지는 내 시가 나를 더욱 힘들게 하네.

젊은 시인들의 시는, 그대도 아는 바와 같이 날로 발달하네. 그런가 하면 나의 시는 날로 기울어져가네.

올봄엔 춘백이 피는, 남쪽 그대의 방에서 지어올리는 그대의 시를 보고 싶네.

그대가 좋아하는 친구 길수씨와 잘 사시게. 젊은 시인 S씨 그대여.

2023년 목련이 피는 3월에

빨간 지붕집의 한바탕 풍경

아니나 다를까, 안성집에 내려와 보니 길 건너 빨간지붕집 마당에 커다란 크리스마스트리가 서 있다. 그 집 부부의 열렬한 성향으로 보아 충분히 예상할 수 있는 일이다. 내일모레가 크리스마스, 내일이 이브다.

시간이 오후 쪽으로 기울수록 그 집 마당이 부산해진다. 주말을 피해 크리스마스를 앞당겨 즐기려는 모양이다. 차들이 하나 둘 모여들기 시작한다.

아내의 여자 형제가 여섯이라던 그 집 남자의 말이 떠오른다.

웬걸! 저녁을 먹고 난 뒤에 보니 울담을 빙 돌아가며 달아놓은 등에 불이 환하게 켜졌다. 마당 한가운데에 세워진 트리엔 색색의 불이 반짝이고, 이윽고 그 집 성능 좋은 스피커에서 목청 좋은 가수의 '안동역'이 흘러나온다. 추운 겨울밤을 녹일 듯 요 작은 마을이 들썩인다.

내가 가끔 내려와 사는 이곳은 여섯 집이 모여 사는 한적한 시골이다. 빨간지붕집이 작년에 이사 온 이후로 조용하던 마을이 제법 북적거린다. 어떻게 보면 고적한 것보다 나을 수도 있겠다. 헤드라이트를 번쩍이며 두 대의 승용차가 더 들어온다.

빨간지붕집이 붐비기는 지난번 김장 때도 그랬다.

그때 우리는 그저 우리 식구나 먹을 요량으로 무김장을 하러 안성에 내려왔다. 조금씩 심어놓은 무와 대파를 뽑아 깨끗이 씻었다. 나는 아내가 시키는 대로 무를 자르고 도막내고 썰고, 아내는 아내대로 양념을 만들어 버무리느라 거의 하루해를 다 썼다.

그날 오후 4시쯤 무김장을 마치고 잠깐 마당에 나가보니 빨간지붕집 마당에 들어온 작은 트럭에서 사람들이 배추를 내리고 있었다. 꽉 찬 한 대 분량이었다. 형제들이 많다고 하니 어쩌면 저 만큼의 김장이 필요할 것도 같았다. 형제들만이 아니라 형제들의 출가한 아들딸 것까지 하려면 한 트럭분의 배추라도 많은 양이 아닐 것 같았다.

저녁 무렵, 늘 보아오던 그 다섯 대의 승용차가 다 들어왔다.

우리는 세 식구 먹을 양의 김장을 하고도 김장했다고 끙끙 앓았다. 근데 아침에 문을 연 우리는 그 집 마당 풍경을 보고 깜짝 놀랐다. 배추양념 버무릴 허리 높이의 커다란 탁자들이 길게 놓였고, 김장하려고 숨죽여 놓은 배추가 산더미처럼 쌓여있었다.

아침 식사가 끝난 뒤였다. 참았던 그 집 야외 스피커에서 '별빛이 흐르는 다리를 건너'라는 노래가 한바탕 울려나왔다. 그 노래는 다시 '당신이 부르면 달려갈 거야'로 이어졌다.

나는 그때 이쪽에서 모과나무를 옮겨 심느라 끙끙대고 있었다. 그때 텃밭에서 방풍 속잎을 따던 아내가 내게로 왔다.

"저 사람들 좀 봐. 춤추고 있어."

그들을 돌아다보면 그들이 민망해 할까봐 나는 하던 일을 계속했다. "배추를 들고 노래에 맞춰 춤추고 있어. 남자들도." 아내가 신기하다는 듯 실황을 중계했다.

노래가 쉬지 않고 마을을 들썩이더니 '강화 도령'에서 '노란 셔츠 입은 사나이'로, 거기서 다시 '봄날은 간다'로 이어지는 걸 보며 우리는 문을 닫고 점심을 먹었다.

근데 그 많은 김장을 요기 근방의 한 시설에 보낸다는 건 그 집과 가까이 지내는 구미 아저씨를 통해 알았다. 그럼 그렇겠지, 나는 고개를 끄덕였다.

뭘 하든 했다 하면 그들은 한바탕 하는가 싶이 하고, 깔끔하게 헤어진다.

크리스마스를 앞둔 오늘밤, 빨간지붕집은 또 불야성을 해놓고 한바탕 들썩거리겠다. 2년 전만 해도 그 집엔 할머니가 혼자 고적하게 사셨는데, 어찌 보면 고적함보다는 좀 낫지 싶다.

나는 갑자기 시간 부자가 됐다

모임에 나가기 위해 집을 나섰다.

아내의 바깥 볼일에 맞추어 함께 나오다 보니 그만 좀 일찍 나왔다. 기껏 아파트 정문에서 서로 헤어질 걸 가지고 20여분이나 당겨 나왔다. 집에 할 일을 두고 온 걸 생각하니 좀 아쉽다. 혼자 전철역을 향해 터벅터벅 걸었다.

갑자기 얻은 이 많은 시간 때문에 늘 지나치던 길갓집 줄장미 앞에 서 본다. 흔히 보는 빨간 장미꽃이 아니다. 분홍색, 해당화꽃 모양의, 낯설지만 예쁜 장미꽃이다. 코를대어 향기를 맡아본다. 진하다. 이름이 궁금해 사진을 찍어 '모야모'에 보냈더니 '시애스타'라는 답이 돌아왔다. 지중해 연안이 고향인, 꽃말이 정오의 낮잠이란다.

모르는 길고양이 한 놈이 내 발아래에 다가와 나를 쳐다본다. 야옹! 말을 건다. 나를 바래다 줄 것처럼 앞장서서걸어 나간다. 야옹아! 야옹아! 야옹이를 부르며 그를 따라간다.

나는 시간이 많아 전철 계단 대신 마트로 들어선다. 그길로 가면 좀 돌기는 해도 전철로 가는 에스컬레이터가 있다. 할 일 없는 사람처럼 에스컬레이터를 탄다. 나 혼자다. 내려가면서 벽면 거울에 나를 비춰본다. 푸른색 체크

무늬 남방셔츠에 청바지를 입은 익숙한 얼굴의 나를 내가 본다. 나이를 감추느라 염색까지 했다. 나는 나를 보며 싱긋 웃어준다.

'전철이 좀 늦게 왔으면 좋겠다.'

에스컬레이터에서 내려서며 그런 생각을 했다.

나는 지금 시간이 많다.

평소 같으면 모임 시간에 맞추느라 빠듯하게 집에서 나왔을 것이다. 모임 자리에 여유있게 가면 안 되는지, 먼저 가 나중 오는 분들을 맞아주면 뭐 어디가 덧나는지 빠듯하게 집을 나와 시간과 싸움 하듯 허둥지둥 걷는다.

전철을 타러가는 길은 약간 올라가는 언덕길이다. 그 길을 허덕거리며 걷다가 도중에 지갑을 집에 놓고 나오든가, 휴대폰을 놓고 나올 때면 돌아서서 집으로 달려가듯 걷는다. 두고 온 것을 간신히 챙겨 나오면서 시계를 보면 빠듯하던 시간이 더욱 빠듯하다.

그런 날은 전철 승강장으로 내려가며 속으로 중얼거린다.

'제발 전철 시간에 딱 맞게 해주세요!'

그러나 그런 날은 전철이 코앞에 사람들을 풀어놓고 휙 달아난다. 그때부터 나는 내가 모임에 늦게 들어서는 상황을 떠올린다. 먼저 온 연장자들이나 지방에서 온 분들을 떠올린다.

'전철이 왜 이리 늦게 오는 거야! 배차 간격은 왜 이리 길

고.'

급기야 제시간에 맞추어 오는 전철을 향해 불평하기 시작한다.

그런데 시간이 많은 오늘은 아니다.

은근히 전철이 더디 오기를 바란다. 검표대를 지나갈 때면 맨 뒷줄에 서려고 내 몸이 자꾸 뒤로 물러선다. 승강장 계단을 걸어 내려갈 때도 나는 허겁지겁 잰걸음을 하는 사람들을 먼저 보내고 멀찍이 뒤에서 내려간다.

시간이 많은 이런 날의 전철은 안 그래도 되는데 꼭 너무 일찍 들어온다.

나는 자연히 늦게 타기 위해 맨 뒷줄에 서서 천천히 전철 안으로 들어선다. 나 때문에 문이 좀 늦게 닫히라고 발을 늦게 뗀다. 시간이 많은 이런 날은 전철이 한 정거장 간격으로 달려라 달려라 달려온다. 그 탓에 전철은 문을 닫자마자 쾌속으로 달린다.

20분 일찍 나왔는데, 나는 20분어치 이상의 더디 가는 여유를 즐긴다. 그 시간 집에 있어봤자, 못다 한 일을 마치고 나오느라 허둥댈 뿐이다. 20분 일찍 나오고 보니 나는 시간이 많은 시간 부자가 된 기분이다. 더디 가는 기쁨이 이렇다.

비 내리는 날의 산행

"비 내리는 한여름에 등산은 무슨!"

여름 산행을 위해 배낭을 꾸리는 나를 보면 아내는 늘 그랬다.

서울이 맑다고 설악산도 맑을까. 이 말은 내 산행을 가로막으려는 아내의 논리다. 그래도 나는 또 뭔 배짱이 있어 한번 간다면 가고 만다.

"조심해서 잘 다녀올게."

나는 그쯤 말로 아내를 달래고 집을 나선다.

여름 등산은 당연히 비 아니면 쨍이다. 쨍한 날의 등산은 쨍해 좋지만, 비 오는 날의 등산은 또 나름대로 쨍한 날에 경험하지 못하는 비의 기쁨이 있다.

이제 와 하는 말이지만 나도 오랫동안 가급적 쨍한 날을 가려 산행을 해왔다. 그러나 그때마다 겪는 게 있다. 동서울버스터미널에서 버스를 타고 인제 용대리나 양양 오색에 도착하고 보면 비를 만나기 일쑤다. 산행은 그렇다. 고산 아래 낯선 숙소에서 맞이하는 비 내리는 밤은 여행자를 긴장하게 한다.

그럴 때면 버너와 코펠을 들고 뜨락에 나와 커피 물을 끓인다. 코펠을 둥그렇게 감싸며 피어오르는 파란 가스 불꽃, 그 불꽃을 무연히 바라보는 시간만큼 마음의 근심을 잊게 하는 것도 없다. 언제부턴가 번거로운 취사도구나 침낭은 모두 집에 두고 다닌다.

그래도 간편한 가스버너와 코펠만은 넣어서 다닌다. 추적추적 내리는 비에 고적감이 밀려올 때, 그때 커피물 끓이는 일도 뜻밖에 얻는 소박한 행복이다. 버너와 코펠, 아무리 산행이 힘들어도 빠뜨릴 수 없는 마지막 장비가 아닌가 싶다.

그 어떤 여행자도 비 내리는 캄캄한 밤과 마주하면 마음이 심란하다. 그럴 때에 코펠 안에서 볼볼볼 끓어오르는 작은 물방울을 보는 일은 좋다. 코펠 바닥에서 생겨나고 사라지고 생겨나고 다시 사라지는 그 끝없이 반복되는 물방울의 단조로움.

그런 단조로운 반복은 나를 상념의 세계로 안내한다.

살아온 어느 지점으로 나를 데려간다. 그 어느 산길로, 그 어느 미술관 뒷길로, 눈 내리는 겨울로, 어느 밤을 달리는 야간열차의 객실로, 어느 단풍나무 숲길로……

아침에 눈을 뜨면 비는 여전히 억수로 내린다.

우의를 걸치고 빗속에 들어선다. 몸이 섬뜩한 비장감을 느낀다. 계곡물은 간밤에 내린 비로 우렁차고, 바윗돌을 굴릴 듯 거세다. 그 물길을 따라 꾸준히 걸어 오른다. 물살에 길이 끊어진 곳에서는 바지를 벗고 물을 건너고, 신발 끈을 다시 묶고, 굴러 내린 바윗돌을 빙 돌아 산등성이를 향해 오른다.

오세암을 지나 마등령에 올라서면 비로소 비도 그친다. 외설악에서 일어난 하얀 산안개가 유연히 능선을 타고 넘는다. 사위는 금방 산안개에 둘러싸이고, 하얀 안개 위로 불쑥불쑥 솟은 산봉우리들이 여기저기 얼굴을 내보인다. 보이지는 않지만 지금쯤 자옥한 안개 속에서 금강초롱, 마타리, 솜다리들이 호젓이 꽃 피고 있을 테다. 눈에 보이는 것만이 산의 전부는 아니다. 생명은 지루한 장맛비 속에서도 본연의 습성을 버리지 않는다.

하루 일정이면 될 코스를 비 때문에 늦어져 대피소나 산장에서 숙박할 때가 있다.

인적이 끊긴 깊은 산, 홀로 산장에 머무는 일은 적막 그 자체다. 그럴 때에도 커피물을 끓이기 위해 켜 놓은 가스버너의 파란 불은 적잖은 위로가 된다. 불을 바라보며 언젠가는 이 지상을 떠나가 살게 될 먼 별을 떠올릴 때도 있다. 거기서도 나는 여전히 혼자 산을 타고, 혼자 길을 걷고 있을지 모르겠다.

5장 존재하는 것으로도

만 원어치의 봄

처음부터 거기 가려고 나선 게 아니다. 봄 햇살이 좋아
양재천이나 나가볼까, 한 거였다. 청계산에서 흘러내리
는 봄눈 녹은 물소리가 듣고 싶었다. 그 물에 발을 담근
버들개지들이 어쩌면 통통하게 꽃 피어있을 것도 같았
다.

그 방향으로 걸어가는 한길 옆에 매화꽃이 한창이다. 그
걸 보자 마음이 천천히 바뀌었다. 거기보다 거기로 가자
는 생각이 들었다. 걸음이 빨라졌다. 거기란 이 철에 딱
맞는 봄꽃시장이다. 꽃을 사는 것도 사는 거지만 구경이
나 하자며 양재동 꽃시장에 들어섰다.

이름을 알 수 없는 형형색색의 꽃들이 유혹적이다. 코로
나 때문에 어디 먼데도 못 가고, 집안에만 갇혀 사느라
겨울은 길고도 길었다. 화려한 양란보다 소박한 봄꽃들
이 내 눈에 쏙 들어왔다. 봄꽃은 유별나다. 작다. 예쁘다.
앙증맞다. 꽃빛이 짜릿하다. 샛노랗다. 보라다. 다홍이
다. 분홍이거나 빨강이다. 나는 가게 바닥에 쫙 깔린 이
작은 꽃들의 천국 앞에 서서 넋이 나간 듯 중얼거렸다.

이것도 사고 싶고, 저것도 사고 싶고.

그러다가 꽃바구니에 작은 꽃화분을 하나하나 집어 담았

다. 노랑 팬지, 알록보라 너도부추, 꽃잎이 큰 퓨리뮬러, 봄향기 히아신스, 빨강 앵초꽃.

나는 주로 낯익은 만 원어치의 봄을 샀다.

칸나 뿌리는 언제 구할 수 있는지 물어보고, 물어보는 김에 로메인과 상추씨, 샐러드 씨앗도 한 봉지씩 사서는 꽃시장을 나왔다. 걸어오며 몇 번이고 비닐봉지 속에 든 봄을 들여다본다. 꽃잎이 다칠까 봐 화분 배열을 다시 하고 다시 하며 집에 돌아왔다. 베란다 물통 둘레에 빙 돌아가며 화분을 놓고 또 들여다본다. 이 작고 예쁘고 앙증맞은 봄을 앞으로 3월이 다 갈 때까지 두고 볼 수 있다는 게 즐겁다. 즐겁다 못해 막 행복해진다.

근데, 꽃 만난 것도 인연일까. 꽃시장 걸음을 한 번 더 해야 하는 행운을 잡았다. 이 어두운 시절에 너무도 반가운 소식이 내게 날아왔다.

가까운 지인의 아들이 취직했다는 거다. 그에겐 어렸을 때부터 꿈꾸어 온 소중한 분야가 있었다. 그는 그 꿈을 잃지 않고 그 분야의 학교에 다녔고, 거기에 맞는 직종에 합격했다. 합격 소식을 들었을 때 꿈을 지켜낸 그의 의지가 대견스러워 내 마음이 뛰었다. 젊은이들이 취직 못하는 세상에서 듣는 취직 소리는 세상의 그 어떤 소리보다 아름답다.

이번에는 차를 몰아 꽃시장으로 갔다. 주차장에 차를 세우고 꽃시장을 한 바퀴 돌았다. 받아서 반갑지 않을 꽃이

어디 있을까만 그래도 그 많은 꽃화분 중에서 내 마음을
담아보낼 만한 곱고 기운차고 벅찬 양란을 골랐다.

화분을 사는 이유를 들은 안주인 사장님이 '새로운 출발
을 축하합니다'라는 리본을 멋지게 써서 달아주며 수취
인 주소를 물었다. 같은 서울이니까 오늘 안으로 배달이
된다는 대답을 듣고서야 돌아섰다. 이 꽃을 받고 기뻐할
지인과 지인 아들의 모습을 그려본다. 그들의 고되고 고
된 취업 여정을 잠시 위로해 줄 수 있어 나도 기쁘다.

그냥 나오려다가 아내가 좋아할 제대로 된 라벤더 화분
을 하나 더 샀다. 보라 꽃대가 봄기운을 따라 무수히 올
라오는 건강한 녀석이다.

오늘 우연찮게 만 원어치의 봄을 사들였는데, 그 봄이 이
렇게 즐거운 소식을 물어올 줄은 몰랐다. 바라건대 취직
을 바라는 세상의 모든 젊은이가 원하는 일자리를 얻고,
그들이 꿈을 이루어 가는 그런 봄이 되길 염원해 본다.
언제나 그렇듯 봄은 새로운 출발이다.

우체통 안의 기적

뜰 안에 나무가 여럿 있다. 그런 까닭에 새들 왕래가 잦다. 주로 박새 아니면 곤줄박이다. 잠깐씩 들러 노래를 부르다가 떠나고 싶을 때가 되면 떠난다. 그들은 아무 연고도 없는 우리 집을 찾아와 저만치 오는 봄을 알려주기도 하고, 집안의 고적감을 깨뜨려 주거나 집을 비우면 찾아와 빈집을 보아주기도 한다. 그런 일들이란 실은 얼마나 자연스러운 건지 그들이 오가는 것을 모를 정도다.

그런데 오늘은 달랐다. 우체통을 세운 나무 기둥이 흔들거려 돌조각으로 여기저기 틈을 찾아 박아주고 일어설 때다. 저쯤 배롱나무에 앉은 곤줄박이가 내 눈에 띄었다. 그의 행동거지가 이상했다. 오면 오고 가면 가나 보다 하던 그런 무심한 모습이 아니었다. 왠지 내 눈에 어색해 보였다. 마치 나 때문에 안절부절못하는 그런 모습이다.

'아니 저게 왜 저러는 거지?'

그 일이 있고, 점심을 먹을 때 아내가 입을 열었다.

우체통에 뭐라고 한 자 써 붙여야겠어, 했다.

의아한 눈으로 바라보는 내게 아내가 한 마디 덧붙였다. 우체통에 새가 둥지를 틀었다는 것이다. 참 예민한 게 여자의 눈이다. 엊그제 안성에 내려온 아내가 단박에 뜰 안에서 일어나고 있는 곤줄박이의 비밀을 눈치챘다. 그제야 나는 곤줄박이가 그런 까닭으로 안절부절못했구나! 하고 때늦은 탄성을 질렀다.

그 후부터 내 눈에 곤줄박이가 다시 보였다. 마당가에 세워둔 우체통 속을 살금살금 드나들고 있었다. 어제도 그러고 그끄제도 그랬을 텐데 나는 그걸 모르고 우체통을 바로 세우느라 소란을 피웠다.

그래도 호기심이 있어 우체통 곁을 지나며 슬쩍 보니 우편배달부가 언제 왔다갔는지 편지 한 통을 집어넣고 갔다. 알을 품는 데 방해가 될까 봐 얼른 뽑으며 그 안을 들여다봤다.

둥지 안에 하얀 알이 여섯 개.

비밀을 훔쳐본 것처럼 가슴이 쿵쿵거렸다.

시골집 우체통에 곤줄박이가 둥지를 틀고 새끼를 친다는 말은 가끔 들었다. 하지만 그 일이 우리 집에서 일어나고 있다는 게 놀라웠다. 마치 큰 선물을 받은 느낌이었다. 이 계절이 우리 집에 보내준 크고 짜릿한 봄 선물.

고향 집에도 봄이면 제비가 왔다. 논갈이가 한창이고, 남녘 따스한 담장 밑에 호박이 떡잎을 펼 때다. 그때 날아온 제비는 작년에 떠나간 그 제비가 아니라 해도 반가웠다. 제비는 가끔 방안으로 날아들어 와 선반 위에도 앉고. 라디오 통에도 앉고. 재봉틀 위에도 앉았다. 거기 앉아 똥도 쌌지만 그래도 귀한 봄 선물이었다.

나는 서둘러 작은 간이 우체통을 만들었다. 그쯤이야 어렵지 않다. 잘 만든 건 아니지만 지금 서 있는 우체통도 내 손으로 만들어 마당가에 세운 거다. 망치소리에 곤줄박이가 놀라지 않게 조용히 만들어 우체통 곁에 세웠다. 그리고 '편지는 제게 주세요. 곤줄박이가 아기를 낳았어요' 라고 써 붙였다.

방에 들어와 인터넷을 열었다. 곤줄박이알은 품은 지 13일이 지난 후에 부화하고, 부화한 지 15일 뒤면 날아간다고 했다. 지난해에도 창가 으름덩굴에 오목눈이가 둥지를 틀고 새끼를 쳤었다. 창문 열 일이 있어도 열지 못하고, 크게 할 말 있어도 숨죽여 말하며 살았지만 그게 불편이기보다 오히려 설레는 행복이었다.

우체통 안에서 일어나는 봄의 기적을 배워 내 안의 기적을 살려내고 싶다.

어, 아직도 행운이 안 오네

"서형, 복권 당첨 여태 안 됐어요?"

고향에 내려가 서형을 만나면 농삼아 그런 인사를 한다.

"어, 아직도 행운이 잘 안 오네!"

서형은 어깨를 들썩해 보이며 능청을 떤다. 고향이 시골이다 보니 고향 사람들 모두 농사를 짓는다. 서형도 어렸을 적부터 부모가 해 오시던 농토를 받아 농사를 짓는다. 그런 이가 때를 놓치지 않고 복권을 산단다. 벌써 20년이 됐다고 한다.

"자네도 복권 좀 사게."

우스갯말로 날 보고 서형이 복권을 사란다.

"참 싱거운 형도. 이 나이에 복권은 뭔 복권이야."

정색하고 말하기 뭣해 나도 농담삼아 대거리를 한다. 복권에 대해 나는 아직도 부정적이다. 일확천금이란 게 좀 싫었다. 허황된 것 같고, 왠지 공걸 바라는 한탕주의 같았다. 그런 까닭에 누가 복권 산다면 그 사람이 좀 얄팍해 보이기도 했다.

"이 사람, 자네는 행운을 받아들일 준비가 안 돼 있구만."

행운은 준비된 자에게 온다며 농담 반 진담 반으로 서형이 웃는다.

"아니, 당첨되면 뭐 할 건데?"

나도 참 야멸찬 놈이다. 서형의 비루한 대답이 돌아오길 바라며 그런 식으로 속을 떠봤다. 이를테면 빌딩이나 한 채 사고, 외제 승용차도 하나 사고, 남들 다 하는 해외여행 좀 하고, 골프채를 들고 좀 거들먹거려야 하지 않겠나. 뭐 그런 세속적인 대답이 나올 거라 생각하며 물었다. 그런데 그게 아니었다.

"동네 애들 마음 놓고 공부할 도서관 하나 지어주려고."

뜻밖에도 그런 대답을 했다.

"뭔 도서관씩이나?"

나는 뭔 주제넘은 소릴 하냐고 따질 뻔했다.

도서관을 지어주는 건 서형의 소관이 아니다. 그건 일개 농사꾼이 꾸어야 할 꿈이 아니지 않은가. 나는 그만 허허 허 웃지 않을 수 없었다. 웃고난 뒤에 생각해 보니 서형의 농속에 진담이 숨어있는 것 같았다. 실제로 복권이 맞아 그가 도서관을 지어줄지 말지는 그때 가봐야 알 일이다. 그러나 그런 생각을 한다는 것 자체가 나와 달라 나는 좀 머쓱했다.

농이든 아니든 나는 그런 생각을 한 번도 해 본 적 없이 나이를 먹었다. 이 나이를 살도록 내 일신상을 위한 생각에서 벗어나 보지 못했다. 나와 내 가족 말고 다른 누군가의 꿈을 위해 어떻게 도움을 줘봐야지, 하는 생각을 가져본 적이 없다. 나는 오랫동안 월급쟁이 노릇을 하며 살아왔다. 그런 까닭에 빈말로라도 언감생심 그런 꿈은 꾸어보지도 못했다.

"복권 한 장에 얼마지?"

오늘 아내에게 그 말을 했더니 아내가 복권이라도 사볼 듯이 물었다. 나는 우물쭈물하며 한 만 원 안 할까, 했다. 내 대답이 미심쩍은지 인터넷에 들어가 보더니 복권 한 장에 2천 원이라 한다. 우리는 맥없이 웃었다. 복권에 대해 아는 것 하나 없이 남의 복권 사는 일을 비웃은 게 미안했다. 말 나온 김에 TV 화면 왼쪽 귀에 적힌 불우이웃 돕기 전화번호에 ARS 한 통화를 걸고 끝냈다. 그러고도 서형의 말이 내 마음을 떠나지 않았다. 공부할 곳이 마땅찮아하는 아이들을 보며 복권 당첨금으로 도서관을 지어 주겠다는 생각이 왠지 부럽다.

검은등뻐꾸기의 섬뜩한 생애

불을 끄고 누웠는데, 건너편 산에서 뻐꾸기가 운다. 검은
등뻐꾸기다. 이슥한 5월 봄밤의 자정, 뻐꾸기 소리가 산
을 울리고, 마을을 울리고, 방안을 찡 울린다. 잠시도 쉬
지 않는다. 지금은 세상이 모두 잠든 시간인데 뻐꾸기만
홀로 운다.

잠자리에서 일어나 다락방에 올라간다. 건너편 산 쪽으
로 난 창문을 연다. 보름 어간이라 달빛이 낮처럼 환하
다. 길 건너 고추밭이며 마을집들이 손금을 보듯 환한
밤, 건너편 참나무 숲엔 검은등뻐꾸기가 잠들지 못하고
있다. 검은등뻐꾸기의 울음은 밤이어도 들어보면 안다.
한결같이 네 박자로 반복해 운다.

이 이슥한 밤에도 잠들지 못하고 우는 까닭이 뭘까.

검은등뻐꾸기는 대만이나 필리핀 그쯤에서 월동을 하고
우리나라로 찾아오는 여름 철새다. 그가 찾아와 울면 5월
중순이고, 그가 울면 모내기도 끝난다. 들판이며 숲이 한
적한 5월, 검은등뻐꾸기는 사람과 달리 지금 바쁘다. 잠
시 우리나라에 들렀다가는 그의 산란시기가 5월이기 때
문이다. 알을 낳고 서너 달을 머물다 떠나야 하는 그들에
게 있어 이 땅에 사는 시간은 몹시 짧다. 그 짧은 시간 안

에 산란을 해야 한다.

다른 새들이라면 짝을 만나 함께 둥지를 틀고 알을 낳고 함께 새끼를 부양하련만 저들에게는 부양 본능이 없다. 기껏 남의 둥지를 찾아다니며 저들의 알을 몰래 위탁하는 게 전부다. 한 둥지에 하나만 낳아야 하니, 알 열두 개를 낳자면 열두 개의 남의 둥지를 기웃거리며 도둑처럼 탁란해야 한다.

알다시피 저들은 숙주인 뱁새나 멧새, 오목눈이 둥지에 몰래 알을 낳는다. 그걸 모르는 숙주들은 검은등뻐꾸기 알을 정성껏 품는다. 알에서 일찍 깨어난 검은등뻐꾸기 새끼는 저 혼자 살아남기 위해 숙주들의 알을 둥지 바깥으로 떨어뜨린다. 그리고 성장하면 안녕이란 인사도 없이 둥지를 떠난다.

자정이 넘은 이 시간에도 저렇게 우는 건 무엇 때문일까. 단순히 짝을 만나기 위해서일까. 아무리 다급하기로 자정이 넘도록 저렇게 구애에 힘쓸까.

창문을 닫고 내려와 그만 잠자리에 든다.

이른 아침, 검은등뻐꾸기 울음소리에 다시 잠에서 깬다. 참 지치지 않고 운다. 저것이 저렇게 밤낮을 가리지 않고 운 지 벌써 열흘도 더 된다. 한 자리에서만 우는 게 아니다. 누군가를 경계하듯 이 근방을 날아다니며 운다. 이미 짝은 만났을 테고, 남의 둥지에 탁란까지 했을지 모른다. 그런데도 밤낮 근방을 촘촘히 경계하듯 울며 날아다니는

데엔 이유가 있을 듯하다.

저와 같은 동족 때문이다.

검은등뻐꾸기는 숙주들의 알을 모두 제거하고 홀로 살아남아야 하는 자신들의 생태 본능을 안다. 만약 제가 알을 낳아놓은 숙주의 둥지에 동족의 누군가가 또 알을 낳는다면 어떻게 될까. 먼저 부화한 뻐꾸기 새끼만 살아남을 것이다. 공교롭게도 뻐꾸기 새끼 두 놈이 똑같은 시간에 부화한다 해도 문제다. 덩치 큰 두 마리의 새끼를 몸집 작은 숙주들이 먹여 살릴 가능성은 전혀 없다. 결국 남는건 죽음뿐이다.

지금 검은등뻐꾸기는 그게 두려운 거다. 그 때문에 자신의 영역 안으로 동족의 누군가가 탁란하러 들어오지 못하도록 접근 불허의 경고장을 날리는 중이다. 잔혹한 본능을 아는 저것들의 야릇한 생태가 소름끼치게 한다. 무엇보다 그런 사실도 모른 채 부부애를 발휘하여 이들의 새끼를 키우는 뱁새와 오목눈이들의 삶에 연민이 간다.

성깔있는 아들이 타고 있어요

'성깔 있는 아들이 타고 있어요'
운전을 하다보면 가끔 앞차 뒷유리에 붙은 이런 글귀를
본다.
한참 웃는다. 대체 아빠한테 성깔 부리는 아들이라니! 아
빠가 운전을 좀만 격하게 해도 참지 못하고 빽, 소리 지
르거나 와락 우는 그런 아들이라는 말이겠다. 그 아들이
앞차에 탔다. 내가 거칠게 운전해 그 아빠를 곤경에 빠트
릴 이유가 뭐 있을까. 어린 아들이 성깔을 부리면 자연히
옆자리에 앉은 아들의 엄마 또한 성가시게 한 말씀 하실
테다.
"애 좀 생각하고 몰어!"
그러면 힘든 건 핸들을 잡은 아빠다.
그러며 웃다가 정말 저 차 안에 성깔 있는 아들이 타고
있을까. 한번 웃자고 붙여놓은 거 아닐까 그런다. 고속도
로는 고속도로대로 심심하니 한번 웃고, 혼잡한 도심은
도심대로 스트레스를 받으니 한번 웃고. 그러자고 붙인
글귀 같다.
승용차가 막 대중화 되던 시기엔 주로 '초보' 또는 '초보

운전'이 붙었다.

누구나 그걸 보면 함부로 경적을 울리거나 너무 가까이 접근해 초보 운전자를 힘들게 하지 않으려 애썼다. 그때의 '초보'는 선배 운전자들이 돌보아 줄 대상이었다.

'양보해 주세요' 그런 글귀도 있었다. 차 안의 운전자가 덜덜덜 떨며 핸들을 잡고 있거나, 아니면 여자 운전자일지도 모를 거라는 마음에 멋지게 길을 열어주곤 했다.

초창기에 등장한 이런 글귀들은 대체로 솔직한 고백처럼 보였다. 초보 딱지를 뗀 운전자들은 그를 배려하기 위해 내가 좀 불편해도 선배답게, 신사답게 양보했다.

길에 차량이 많아지고 거친 운전자들이 생기면서부터 '초보'나 '양보해 주세요' 이런 말들 모두 그걸 빌미로 앞서 가려는 얕은 꼼수로 보이기 시작했다.

그 뒤 나타난 글귀는 보다 센 느낌의 '왕초보'나 '딥다 왕초보', 또는 '아기가 타고 있어요' 등이다. 왕초보나 딥다 초보는 초보인 걸 부끄럽게 고백하기보다는 좀 장난스러운 데가 있다. '나 이런 사람이니 비켜줘' 이런 느낌도 든다. 그와 비슷한 시기에 새로이 등장한 글귀가 '아기가 타고 있어요'다. 문학적으로 말하자면 간접 표현이다. '초보'나 '양보'라는 말이 직설적이라면 이 문구는 아기를 통해 자신을 배려해 주기를 바라는 일종의 에두르기다.

이 문구에서 더 발전한 게 앞서 말한 '성깔 있는 아들이 타고 있어요'다. 분명 어조가 앞엣것보다 강하다. 그 무렵 그보다 한술 더 뜬 '쌍둥이가 타고 있어요'가 나타났고, 이보다 더 임팩트한 '임산부가 타고 있어요'가 등장했다. 쌍둥이를 넘어 태아와 산모를 등장시킨 문구이다. 그들이 다치면 운전자인 아빠는 완전 절망이다.

근데 가만히 보면 이들 글귀는 '초보'를 알리는 멘트가 아니다. 자신의 운전을 방해하지 말아달라는 경고의 메시지다. 아내가 임신했다고 드러내놓고 세상에 알리는 일이나 아들이 성깔 있는 인물임을 알리는 일 또한 남편과 아빠로서의 자질이 의심되어 보인다.

근데 최근이다. 초보 본연의 모습으로 돌아온 글귀를 보았다.

'양보해 주셔서 살짝 고맙네여'라든가 '두근두근 첫주행길' 등이다.

읽는 이의 감성을 자극하는 솔직함과 순수성이 엿보이는 글귀다. 지나치게 과장하거나 강하게 양보를 요구하는 멘트가 아니다. 자신의 현재 심정을 정직하게 고백하는 문구이다.

어떤 말이든 세상에 태어나면 다양한 형태로 발전하고, 그리고 종내는 본연의 모습으로 되돌아온다. 차량의 뒷유리에 붙은 글귀 또한 그렇다. 운전 문화도 그러했으면 좋겠다.

제니의 소원

언제나 그동안 내가 좀 미흡했구나, 할 때 새해가 온다.
올해도 그렇다. 새해라고 별안간에 내가 달라질 수야 없
겠지만 세상에 내가 좀 유익해지고 싶다. 이맘때면 늘 하
는 버릇이지만 마음먹은 소원 하나를 하늘에 말해 본다.
누구나 바라고 원하는 그런 소원이다.

영화 속 제니도 이루고 싶은 소원을 말한다.

제니가 좋아하는 애덤스, 그는 그저 시시한 3류 화가다.
사람보다는 풍경화나 그리는 가난한 화가다. 사정을 아
는 화상은 그림을 팔러온 그의 처지가 딱해 한 점 사준
다.

늦은 오후, 애덤스는 우연히 눈 내린 뉴욕 공원을 찾는
다. 거기서 고풍한 옷과 모자를 쓴, 낯선 풍의 제니 애플
턴이라는 소녀를 우연히 만난다. 소녀는 자신의 부모님
이 햄머스타인 뮤직홀에서 마술사로 일하고 있다고 했
다.

"햄머스타인 뮤직홀이라면 없어진 지 오래 됐는데……."
애덤스는 의아해 했지만 제니는 어제도 부모님 공연을
보았다고 말한다.

눈으로 뒤덮인 막 어두워가는 공원은 점점 신비감에 휩

싸이고, 제니는 이 야릇한 설경 속에서 소원을 비는 놀이라며 발끝을 세워 한 바퀴 빙 돌고 난 뒤 말한다.

"제가 클 때까지 기다려주세요."

그런 말을 남기고, 희미한 잔명처럼 애덤스의 눈앞에서 사라진다.

1948년에 제작된 윌리엄 디털리 감독의 영화, '제니의 초상' 앞부분이다.

흑백 영화답게 테마 역시 단순하다. 컬러 영화가 인물간의 관계, 심리, 사건의 중층 구도로 관객의 머리를 복잡하게 만든다면 흑백 영화는 심플하면서도 나름대로 고상한 데가 있다.

서로 사랑하기에는 나이 차가 너무 큰, 아니 아직 소녀인 제니. 그들이 그 벽 아닌 나이의 벽을 극복하기 위해 만든 장치가 '소원 놀이'이다. 선 채로 한 바퀴 몸을 빙 돌리면서 제니가 소원을 빈 것은 가진 것도 없고, 별로 알려지지도 않은 처음 보는 이 화가를 사랑할 수 있게 해달라는 거였다. 그것도 제가 자랄 때까지 기다려주기는 바라면서.

원작자이며 소설가인 로버트 네이션이 그리려고 하는 사랑이 무엇인지 대충은 알만하다. 소녀와 가난한 화가와의 이룰 수 없는 사랑이다. 그 사랑을, 지금 여기 있으나 또한 없기도 한, 전혀 가 닿을 수 없는 비련을 통해 극대화 시켜 보려 한다.

실은 이 예쁜 소녀 제니는 이미 오래전, 풍랑으로 세상을 떠난 인물이다. 그는 우연히 환상의 몸을 입어 실재처럼 이 세상에 와 한 남자 애덤스를 사랑한다. 건널 수 없는 이쪽과 저쪽 세상의 두 사람이 만나 사랑을 이루려면 그 소원은 얼마나 깊고 아파야 할까.

어찌보면 소원이란, 얻을 수 있는 것이 아닐지도 모른다. 소원이 인간의 힘으로 이룰 수 있는 것이라면 굳이 초자연의 힘에 의탁할 이유가 없다. 그런 점에서 지금 우리가 빌고 있는 소원은 우리가 얻을 수 있는 것이 아니라 단지 바라마지 않는 것.

소원은 영원히 내가 가고자 하는 길의 방향이다. 그것이 있기에 우리는 길을 잃지 않는다. 절망하거나 가던 길을 중도에 포기할 수 없다. 소원이 없는 사람은 흔들리기 쉽다. 그러므로 우리는 그 소원을 간절히 바라는 힘으로 세상을 살아간다.

나도 제니의 소원 놀이처럼 한 바퀴 빙 돌면서 소원을 말한다.

"흔들리지 않게 해주세요."

이 소원으로 새해를 굳건히 살 수 있기를 바란다.

한 시대를 건너가는 만년필

책장 속 빈자리에 잉크병이 있다. 보면 보이는 자리인데 오랫동안 눈에 띄지 않았다. 분명히 눈앞에 있으면서도 보이지 않아 온 것은 오랫동안 내 손이 가지 않았다는 뜻이겠다. 30cc짜리 블루 블랙 잉크가, 그것도 세 병이나 갑째 놓여 있다. 오늘 보니 그 곁에 지금은 쓸 곳도 없는 플로피 디스켓 예닐곱 장도 쌓여있다.

한때는 없으면 못 살던 3.5인치 디스켓도 USB 메모리가 나오면서 한참 전에 밀려났다. 잉크는 어떠한가. 나는 잉크병을 내려 책상 위에 얹어본다. 왠지 잉크병 놓인 책상이 낯설다. 책들조차 묵은 책은 무리를 해가며 해마다 버리고 살았는데 이들은 용케 살아남았다.

나는 책상 서랍을 연다.

서랍 안쪽에 만년필이 있다. 하나도 아니고 네 자루다. 지금도 명성을 지닌 회사 제품들이다. 예전엔 묵직한 만년필을 재킷 안주머니에 꽂고 다니면 마음이 든든했다. 여름날에도 와이셔츠나 남방셔츠에 만년필을 꽂고 다녔다. 그 무렵의 와이셔츠 윗주머니나 양복자켓엔 잉크가 흘러나와 파랗게 얼룩이 지는 일도 있었다.

만년필은 종종 그런 실수를 했다. 아무리 명성있는 만년

필이라 해도 뽑아들고 글을 쓰려하면 처음부터 글씨가
잘 나오지 않았다. 몇 번 빈 종이에 헛글씨를 써서 잉크
를 끌어내거나 아니면 만년필을 쥐고 책상 아래로 뿌려
댔다. 그럴 때의 바닥을 보면 잉크가 뿌려져 별똥별 꽁지
처럼 쪽 자국이 나 있었다.

그런 실수를 종종 저지르는데도 만년필을 쓰는 덴 나름
대로 잉크가 풍기는 격조와 신뢰와 멋이 있기 때문이다.

신간을 내고 지인들에게 책을 건넬 때 만년필 글씨로 해
주는 사인은 멋있다. 그것이 멋있는데엔 안주머니에서
만년필을 뽑고, 뚜껑을 열고, 만년필 몸통을 가지런히 잡
는 일, 왼 손바닥을 펴 책장을 가벼이 눌러주고 쓰는 그
행위의 과정이 있기 때문이다. 나는 고인이 되신 김구용
시인께서 그 댁 무릎 책상 앞에 앉아 만년필 글씨로 시집
에 사인을 해주시던 그 반듯하고 정갈하신 모습을 잊을
수 없다. 그때는 글씨를 대체로 소중히 다루던 시대였다.

나는 내 서랍 속 만년필 하나를 꺼낸다. 예전에 하듯 잉
크병에 헤드를 넣어 튜브 가득 잉크를 담아낸다. 그리고
짧은 글을 써본다. 여전히 글씨 맛이 있다. 그윽한 잉크
냄새와 하얀 종이를 촉촉이 적셔나가는 감청색 글씨가
아늑한 정감을 살려낸다. 우리는 촉촉한 이 잉크 글씨에
오랫동안 신뢰를 보내며 만년필을 써왔다. 볼펜이나 연
필처럼 잡히는 대로 급히 써 내려가는 성급함보다 생각
과 글씨의 속도가 함께 가는 그 찬찬함이 좋았다.

잉크병을 가까이 놓아두고 가끔 써볼까, 하지만 때 지난 일이다. 나의 모든 글쓰기는 볼펜이나 연필이 대신하고, 집 밖에선 휴대폰 메모장이 대신한다. 그리고 최종적으론 컴퓨터 한글 프로그램 속의 명조체를 통해 글은 완성된다. 그러니 어디 두어봤자, 초라하게 눈 밖에 날 게 뻔하다.

누군가 하던 말이 떠오른다.

만년필로 글 쓰는 사람은 구세대 아닌가요?

그 말을 들으면서 아, 이제 만년필도 '도라지 위스키나 멋을 부리던 마담처럼' 한 시대의 유물이 되어가는구나 했다. 글자 한 자 한 자를, 자신의 이름 한 자 한 자를 소중히 적어나가던 시대는 아득히 멀어져 갔다.

한 생을 살면서 우리는 사라져가는 숱한 트렌드를 경험한다. 정감있고 묵직한 만년필도 이제 그 대열에 들어서고 있다. 우리 사는 세상이 점점 가벼워지고 있다.

허수, 이 사람! 너무 좋아말게

오랜만에 들로 나갔다.

내가 사는 곳에서 들이라고 하면 요 앞, 언덕 너머 벽장
골이다. 산과 산 사이에 펼쳐진 논벌이 벽장골이다. 산모
롱이를 돌아서자, 벼가 익어 벽장골이 누렇다. 논두렁에
내려서서 벼 포기를 움켜잡아 본다. 한 손에 다 잡히지
않을 만큼 포기가 실하다.

허리를 펴는데 논두렁 저 앞에 별안간에 나타나 달려가
는 저건, 저건 논병아리, 논병아리 가족이다. 어미가 앞
서고 새끼 네 마리가 졸졸졸졸 한 줄로 뒤따라간다.

나는 그들이 논두렁길을 다 갈 때까지 멈추어 섰다. 세상
에 이처럼 재미난 풍경이라니!

노란 가을 햇살을 받으며 돌돌돌 굴러가더니 이내 벼포
기 사이로 깜물 사라졌다. 그제야 나는 그들이 사라진 곳
으로 달려갔다. 한낮 꿈처럼 조용하다.

이 근방 논에 물쿵뎅이가 있는 걸 나는 안다. 거기는 물
이 있는 수렁이라 벼를 못 심는다. 겨울철에 보았는데 다
른 곳은 다 말라도 거기만은 물이 있어 얼음이 언다. 눈
내린 날, 얼음장 위에는 마른 목을 적시러 오는 오리, 들
새, 들쥐, 고라니 발자국이 연속무늬처럼 선명히 나 있

다. 암만 추워도 얼음장엔 숨구멍처럼 열려있는 물구멍이 있다.

논병아리가 안전히 물을 마실 수 있는 물쿵뎅이 곁에 머무는 모양이다. 벽장골이 정다워진다. 이 논벌 어디에 물쿵뎅이가 있고, 그 주변 어디어디에 여러 야생조류들이 모여 살고 있을 거라 생각하니 정이 간다.

그런데 야생의 것들 말고 논벌이라면 꼭 있어야할 것이 있어야 하는데 그게 없다. 허수아비. 허수아비가 없다. 허수아비 없는 논이라면 왠지 허전하다. 새를 보러온 이가 도랑둑에 서서 우여! 우여! 참새를 쫓고, 허수아비도 새 쫓는 일에 한몫하는 모습이 보고 싶다.

논벌을 한바퀴 돌고 돌아오는 길옆 수수밭에서 뜻하지 않게 허수아비를 만났다. 정확히는 수수밭과 배추밭 언저리에 서 있다. 밭이랑에 심어놓은 배추 씨앗도 지킬 겸, 익어가는 수수도 지킬 겸, 겸사겸사 거기 세운 듯하다.

한눈에 보기에도 허수아비가 멋쟁이다. 가로무늬 긴팔 티에 긴 바지를 입었다. 시장에서 새로 산 듯 챙이 긴 모자에 선글라스까지 끼었다. 그 멋쟁이 녀석이 곁에 선 빨간 저고리에 분홍치마를 입은 허수어미를 은근히 껴안고 있다. 대충만 보아도 허수어미를 안고 있는 허수아비가 좋아죽겠다는 표정이다.

어디 인기척이라도 나면 허수어미를 안고 수수밭이나 콩

밭에 들어가 납작 숨어버릴 태세다. 나는 이들의 사랑을 방해할까 봐 숨소리를 죽이며 걸었다.

이 녀석 허수아비가 본디 누구의 자식인고 하니 남산골 허 대감집 일곱째 아들이라는 설이 있다. 내가 풍문으로 들어 아는 바로는 그 댁 큰아들 이름은 허장이고, 둘째는 허풍이요, 셋째는 허방, 넷째는 허둥, 다섯째는 허당, 여섯째 이놈은 이름도 좋다. 허허다, 마지막으로 일곱째아들 녀석이 바로 저기 서 있는 저놈 허수다.

그 허수가 운도 좋게 벼가 누렇게 익는 벽장골에 내려와 이쁘장한 시골 색시를 얻어 달콤하게 살고 있는 모습이 참말 보기에 좋다. 배추밭에 날아드는 새도 볼 겸, 가을 나들이도 할 겸, 호젓한 수수밭에서 애정도 즐길 겸 아주 어깨가 으쓱 올라가 있다.

"허수, 이 사람 너무 좋아 말게!

내 말일랑 듣는지 마는지 히히덕거리는 그를 두고 돌아섰다.

터덜터덜 집으로 오는 길에 길가에 내놓고 파는 포도 몇 송이를 샀다. 손에 들고만 있어도 달콤한 포도 향이 코에 스민다. 술 생각이 간절하나 구매할 곳이 없는 게 흠이다.

어떤 배웅

금요일 오후 4시 20분 동해행 고속버스에 올랐다. 동해시 옥계에 있는 한국여성수련원에 일이 있었다. 굳이 승용차를 두고 버스에 오른 건 버스에서나마 좀 쉬고 싶었기 때문이다. 나는 대충 자리를 정리하고 눈을 감았다. 허겁지겁 달려와 그런지 가슴 뛰는 소리가 귀에 들린다.

"아가씨, 우리 어무이 멀미해 가지고 그러니 자리 좀 바까 주소."

그때였다.

굵직한 사내 목소리가 출입문 쪽에서 났다.

나는 눈을 감은 채 빙그레 웃었다. 오래 전, 직행버스나 고속버스를 탈 때 많이 들어보던 소리다.

"우리 어무이, 묵호 이모한테 가시는데 멀미해 그런다 아입니까."

눈을 안 떠 볼 수 없었다.

어떤 사내이길래 낯선 여자 승객에게 이토록 솔직한 대화를 꺼낼 수 있을까 해서이다. 묵호 이모를 찾아가시는 사내의 어머니는 나름대로 지금 행복할 테다. 그런데 멀미로 고생하신다면 그건 어머니 본인도 그럴 테지만 자식으로서도 못 견딜 일이다.

나는 눈을 떴다.

덩치가 큼지막한 사내다. 살집이 좀 있어 그런지 한눈에
보기에도 순진해 보이는 40대 후반이다. 그는 버스 천장
에 고개가 닿을까 봐 구부정하게 서서 이제 막 자리를 양
보하느라 일어서는 젊은 여자에게 고맙다는 인사를 연실
하고 있다.

"어무이요, 일로 오소!"

사내는 저쪽 뒤쪽에 앉은 어머니를 불렀다.

나는 눈을 붙이려던 생각을 버리고 그들 모자를 유심히
봤다. 사내의 어머니가 다가와 자리에 앉자, 사내는 안심
한 듯 버스에서 내려 승강장 곁에 선다. 버스가 출발할
때까지 기다릴 모양이다. 사내는 주홍색 등산점퍼에 검
정 바지를 입고, 한 손에 두툼한 가방을 들고 있다. 어머
니의 눈길을 받기가 뭣해 그런지 딴 데를 보고 서 있다.

"얼른 아들한테 가 봐."

창가에 앉은 엄마가 차창 너머 사내에게 이른다.

사내는 어머니의 표정만으로도 어머니가 뭘 말하는지 아
는 양 고개를 끄덕인다.

"에미 걱정말구 어여 가."

이번엔 또 가라고 손짓을 한다.

그러는 사이 버스 출발시간이 다 됐다.

운전석 위에 붙어있는 디지털 시계에 '4시 20분'이 떴
다.

버스 기사가 올라와 시동을 걸며 버스 출입문을 닫았다.

"문 좀 열어주소, 기사 양반!"

갑자기 사내의 어머니가 자리에서 일어났다.

"쟈가 돌아갈 버스비나 있을란지……"

기사가 열어주는 출입문으로 사내의 어머니가 내린다.

나도 창밖으로 고개를 돌렸다.

어머니가 손에 쥔 돈을 사내의 손에 쥐여준다. 사내가 한사코 뿌리친다. 결국 사내가 못이기는 척 그 버스비라는 것을 받는다.

사내의 어머니가 다시 버스에 오르자, 버스는 이내 출발한다.

사내가 어머니를 향해 손을 흔든다. 나도 그 사내를 향해 이유 없이 손을 흔들었다.

사내는 쿵쿵 뛰고 있는 내 심장소리를 못 듣겠지만 나는 사내의 목소리를 마음으로 듣는다.

"어무이, 잘 댕기오소."

내가 만든 가을 풍경

소리 없는 바람에도 뜰앞 나뭇잎이 툭툭 진다. 이 무렵이면 그 옛날의 고향집 마당에도 빙그르르 오동나무 잎이 진다. 가을이 마당 안으로 깊숙이 들어올 때면 어머니는 호박오가리를 만들어 추녀 끝에 구불구불 매다셨다. 감을 깎아 추녀 끝에 주렁주렁 매달아놓은 가을 풍경도 아름답지만 호박오가리 풍경도 소박하나마 보기 좋다.

안성에 내려온 김에 호박오가리를 한번 만들어 보고 싶었다. 집 뒤 돌각서리엔 잘 익은 호박들이 꽤 여럿 있다. 올해는 비가 넉넉히 와준 덕에 고추며 토란 대파 무가 잘 자라주었다. 물론 호박도 기대 이상으로 잘 커 주었다.

뒤뜰에 나가 비스듬한 돌각서리에 올라섰다. 바위틈이며 바위 뒤편엔 내 눈에 띄지 않고 큰 호박이 대여섯 덩이나 된다. 엉덩이처럼 실하고 흐벅한 호박은 보는 것만으로 배부르고 넉넉하고, 뿌듯하다. 세상에 호박을 닮고 싶은 사람이 있을 리야 없겠지만 나는 때로 호박의 풍족함과 무던함, 그리고 한 자리를 꾸준히 지킬 줄 아는 든든함을 닮고 싶을 때가 있다.

호박 심는 일은 재미있다. 예전 아버지 하시는 걸 보면 잘 삭힌 뒷거름을 호박구덩이에 충분히 주고 흙을 덮은

후 사나흘 뒤 호박씨를 심으셨다. 그러고 열흘쯤 지나면 그 냄새나는 구덩이에서 호박씨는 푸른 깃발을 찾아들고 이 세상으로 달려나왔다.

뒷거름이 없는 나는 지난해에 만들어둔 풀거름과 가게에서 구입한 유기농 거름을 섞은 열 재료를 호박구덩이에 가득 채우고 흙을 덮어 그 위에 호박씨를 넣었다. 그런저런 덕분이겠다. 호박 네 구덩이에서 나온 호박순은 마치 네 발 달린 짐승처럼 온밭을 휘감고, 돌각서리를 타고 올라 제 영토를 한껏 넓혀 보기좋게 자식들을 낳아놓았다.

"호박오가리는 무슨! 내려왔으면 좀 쉬다 올라가지!"

아내는 쉬지 않고 손을 놀리는 나를 타박한다.

그렇기는 해도 호박오가리 만드는 일은 재미있다. 먼저 호박꼭지 부분과 배꼽 부분을 칼로 잘라낸 뒤 숟가락으로 호박 속을 알뜰히 긁어낸다. 그리고 나선형으로 호박을 빙빙 돌려가며 자른 뒤에 들어 올리면 그건 마치 용수철 모양 그대로다. 겉껍질을 깎아 추녀 대신 빨래 건조대에 걸어 볕 잘 드는 곳에 세워둔다.

모두 세 덩이. 볕이 자글자글하고, 사이사이 서늘한 바람이 소르르 불어온다. 오가리가 마르는 데 더 없이 좋은 가을날씨다. 어머니가 고향집 추녀에 매다시던 오가리만은 못해도 건조대에 걸어둔 붉은 빛의 호박오가리도 볼수록 멋있다. 내가 만든 고향의 가을 멋이다.

이렇게 잘 말린 호박오가리는 어디에 쓰느냐? 뭉쉥이를

만드는데 쓴다. 뭉쉥이란 시루떡의 일종인 영동지방 말이다. 시루떡이 멥쌀가루와 팥고물을 켜켜이 넣고 시루에 쪄낸 떡이라면 뭉쉥이는 멥쌀가루와 검은콩 곶감 호박오가리 등을 버무려서 시루에 쪄내는 떡이다. 마른 호박오가리는 이때에 쓰인다.

눈 내리는 날 오래도록 아궁이에 불을 지펴 시루에서 갓 쪄낸 뭉쉥이는 추위에 언 몸을 녹이는 데는 그만이다. 곶감과 호박오가리의 단맛이 콩과 어우러져 물씬한 떡의 풍미를 돋운다.

텃밭 둘레에 심은 백일홍과 살비아, 프렌치메리골드 꽃씨를 받다가 문득 고개를 든다. 가을볕에 마르는 호박오가리 붉은 빛이 볼수록 곱다. 잘 익은 홍시 빛이 저렇고, 처마에 깎아 매달아놓은 대봉시 은은한 빛깔이 저렇다. 나는 한동안 붙박힌 듯 서서 내가 만든 가을 풍경을 바라본다. 어머니의 고운 얼굴이 거기 얼핏 보이다가 사라진다.

6장 인생. 그 아름다운 여정

까르찌나, 러시아 미술전

한전 갤러리에 들렀다.

요 며칠 전에 본 러시아 미술전이 다시 보고 싶어서다. 처음 본 그림들이었지만 왠지 오래 입은 옷에서 느껴지는 부드러운 감촉 같은 향수가 나를 이끌었다.

러시아 미술.

러시아 미술에 대해 나는 도통 아는 게 없다. 러시아에 미술이란 게 있었나, 싶을 정도로 나는 그쪽에 문외한이다. 내게 있어 러시아는 의식의 저쪽 동토에 어둡게 묻혀 있는 나라다. 아무리 러시아 음악과 러시아 무용과 러시아 박물관과 러시아 정교회 성당을 이런저런 방식으로 만났다 해도 그건 또 그거일 뿐이다.

내가 러시아를 안 건 19살 무렵이다. 누나를 졸라 누나가 탄 곗돈으로 10권짜리 러시아 문학전집을 사서 읽은 게 전부다. 낡은 외투, 보드카에 젖어 사는 하층민들, 14관등 하급 서기, 욕설이 난무하는 시베리아 열차, 가난한 농노들, 추운 눈벌판과 전쟁, 페테르부르크, 죽음과 길고 지루한 소설의 서사, 그런 게 다다.

근데 갤러리 까르찌나가 펼쳐놓은 러시아 그림엔 그런 어두움이 말끔히 사라져 있었다. 처음 접하는 사실주의 러시아 현대미술가들, 미하일 쿠가츠, 블라디미르 볼코프, 올가 블가코바, 알렉산드르 시트니코프……

흰 까마귀를 타고 어딘가로 막 날아갈 것 같은 세르게이 볼코프의 동화 같은 '흰 까마귀', 장난감 버스를 껴안고 시골을 찾아가는 신나는 '방물장수', 마치 우주나무 같은 '나무—아침', '나무—점심', '나무—저녁' 들. 볼셰비키 혁명과 스탈린과 레닌을 거치면서 살아남은 러시아 사람들의 가느다란 희망의 빛이 볼코프 그림의 여기저기에 아른거린다.

대체로 조용하고 평범한 일상, 개성을 억압하는 편안하고 부드러운 색조, 순수해 보이는 인물들, 사랑과 술과 다정한 가족들, 그림 속 인물들은 대체로 곧 출발해야 할 먼 길을 앞에 두고 있거나, 대체로 먼 곳에 시선을 두고 있다.

다른 이들의 그림 역시 그러했다.

물론 내가 읽은 소설의 시점과 그림의 시점 간엔 오랜 간극이 있기는 하겠다. 어떻든 까르찌나에서 만난 그림들은 내가 알던 러시아 문학과 분명히 달랐다.

1, 2관을 거쳐 2층의 '무드 풍경화'를 만나러 계단을 오를 때다.

계단 옆 강의실에서 러시아 소설가 막심 고리키에 대한 강의가 진행되고 있었다. 나는 가던 길을 멈추고 강의실로 발길을 돌렸다.

내 의식 저편에 잠들어 있던 러시아 소설이 먼지를 일으키고 깨어났다.

니콜라이 고골리, 이반 투르게네프, 안톤 체호프, 발렌틴 라스푸틴, 예브게니 옙투센코, 톨스토이와 토스토에프스키……

향수에 못 이겨 강의를 끝까지 듣고, 다시 2층으로 올라가 자연에 개인 정서를 입혔다는 '무드 풍경화' 앞에 섰다. 자연은 그들이 살아가야 할 국토이며 자연은 숭고하며 때로는 돌아가야할 고향으로 그려지고 있다. 개인 정서를 입혔다지만 여전히 획일적이다.

미하일 쿠가츠의 〈먼 길〉과 〈귀환〉, 전쟁에서 돌아온 아들과 남편, 그리고 돌아오지 않는 '그 사람'을 기다리는 여인, 전쟁이 저지른 비윤리와 이별과 죽음과 고통을 고발하는 쿠가츠의 작품에서 러시아 현대미술의 한 줄기 빛을 읽는다.

몇 차례 더 들러 러시아를 천천히 이해하고 싶다.

헤이, 쥬드! 나쁘게 보지마

"아드님이 음주 운전으로 사고를 냈습니다."

전화 한 통이 다급하게 서형의 휴대폰으로 걸려왔다.

서형에겐 아들이 없다. 딸만 하나다. 그렇지만 딸이 결혼해 그 사위를 아들! 아들! 했으니 서형은 아드님이란 말을 당연하게 받아들였다.

"아버님도 음주운전 잘 아시죠? 경찰에 넘어가기 전에 피해자와 합의를 해야 하니."

300만원을 계좌로 보내라는 말에 두 말 않고 보냈다. 은행에서 돌아오며 딸에게 위로 전화를 걸었는데 그제야 그게 보이스 피싱이라는 걸 알았다.

몇 년 전, 내 친구 서형이 겪은 이야기다.

보이스 피싱 이야기가 나올 때마다 나는 서형 이야기를 하며 조심하라고들 했다.

서형은 사위를 아들처럼 사랑했다. 근데 사람의 일을 대체 누가 알겠는가. 그 아들! 아들! 하던 사위가 이혼을 하고 그들 곁을 떠나갔다. 그리고 돌아온 건 딸과 5살 손주였다.

코로나 때문에 답답한 서형과 나는 그 답답함을 핑계로 만났다. 그가 그 5살 손자 보리와 함께 왔다. 보리를 위해 가까운 양재천으로 갔다. 양재천 오리며 잉어며 비둘기들을 보여줬다. 보리는 인사성이 바르고 붙임성도 좋았다.

"우리 할아버지 꿈은 제가 우주과학자 되는 걸 보는 거랬어요. 키 큰 아저씨 꿈은 뭐예요?"

제 할아버지는 꼬박꼬박 할아버지라 하면서 내게는 '꼭 키 큰 아저씨'라 불렀다.

"키 큰 아저씨 꿈이 방금 바뀌었어. 우리 보리 어른이 되어 결혼하는 거 보는 걸로."

"바꾸세요. 저 결혼 안 해요. 이혼할 거 뭐 하러 해요."

그러고는 다리를 향해 뛰어갔다. 거기 물 아래 잉어가 떼지어 놀았다.

"상처가 없을 수 없겠지 뭐."

서형이 뛰어가는 보리의 뒷모습을 보며 말했다.

내가 다 알 수야 없지만 서형 가슴에 서형만의 아픔이 도사리고 있지, 싶었다. 두 시간쯤 함께 있다가 보리가 좋아한다는 햄버거를 먹고 헤어졌다.

"키 큰 아저씨, 안녕 계세요."

버스정류장에서 버스를 탈 때 보리가 내게 손을 흔들었다.

"보리야, 잘 가렴."

나는 그렇게 말하며 속으로 '세상을 두려워하지 마' 했다.

집으로 돌아오는 내 입에서 나도 모르게 비틀즈의 '헤이 쥬드'가 새어나왔다. 헤이 쥬드, 세상을 나쁘게 보지 마. 헤이 쥬드, 참아야 해. 헤이 쥬드, 넌 해낼 거야.

존 레논이 그의 아내 신시아 레논과 아들 줄리언을 두고 오노 요꼬와 재혼을 하자, 폴 메카트니는 그들을 위로하기 위해 신시아 레논을 찾아간다. 그는 무엇보다도 부모의 이혼으로 스트레스를 받는 레논의 5살 아들 줄리언이 불쌍했다. 그때 그 어린 줄리언의 아픔을 위로하기 위해 폴이 쓴 곡이 그 유명한 'Hey Jude'이다.

"헤이 쥬드, 나쁘게 보지 마. 슬픈 노래라도 더 낫게 만들어봐. 그럼 더 나아질 거야."

나는 보리를 위해 그 노래를 불렀다. 나 나나 나나나나 헤이 쥬드.

주변에 보리 같은 아들과 함께 돌아온 딸들이 더러 있다. 결혼하는 만큼 이혼율도 높다보니 어쩔 수 없이 생기는 현상이지 싶다. 헤어질 거면서 뭐 하러 결혼해요! 하던 보리의, 세상을 두려워하던 말을 다시 생각한다.

빈집

태석은 오토바이를 타고 다니면서 집집마다 열쇠구멍에 전단지를 붙인다. 며칠이 지나도 전단지가 떼어지지 않으면 그 집을 열고 들어가 숙식을 한다. 빈집을 찾아 돌아다니던 태석은 어느 빈집에서 갇혀사는 멍투성이 여인을 만난다. 남편의 지나친 집착과 소유욕 때문에 여인은 피폐해질 대로 피폐해져 있다.

남편이 돌아오자, 태석은 그녀를 두고 조용히 떠나지만 끝내 다시 돌아온다. 자신을 데려가주길 바라던 여인의 눈빛을 저버릴 수 없었기 때문이다. 그녀에게 다시 돌아온 날 밤, 태석은 여인이 남편에게 성적으로 혹사당하는 모습을 본다. 여인은 남자에게 아무 사랑도 없으면서 마음에 없는 '사랑해요'를 연발하지만 여자는 끝내 태석과 함께 그 집을 나간다. 분명 사람은 살고 있지만 사랑이 없는 집. 김기덕 감독의 영화 '빈집'이다.

밤이면 가끔 운동삼아 길에 나선다. 고속도로 변에 줄지어 선, 이미 불이 다 사라진 컴컴한 빈 아파트들을 본다. 재건축을 앞두고 있는 빈 아파트들이다. 한 때 밤이면 환히 불을 밝히고 오순도순 살았을 아파트엔 그리워할 추억도, 사랑도, 미련도 다 떠나고 없다.

집이란 어찌 보면 성적으로 혹사당하는 영화 속 여인을 닮았다. 아침에 출근을 할 때면 여인의 남자처럼 과도한 소유욕과 집착에 빠져 문을 걸어 잠그고 떠난다. 낮이 가고 다시 밤이 오면 욕망을 배설하듯 먹고, 마시고, 잠자고 이윽고 아침이 오면 또 집을 나선다. 그런 일을 집은 무려 몇 십 년이나 반복하고 있을까.

몇 해 전부터 재건축, 재건축 하던 이 아파트가 끝내 재건축이 되는 모양이다. 며칠 전 만난 우리 아파트 관리소 직원이 전해준 말이 생각난다. 이 아파트 입주자들은 내일 안으로 모두 아파트를 떠나야 하고, 이달 말엔 아파트가 폭파될 거란다. 먼지 하나 나지 않는 신공법 폭파방법으로 폭파시킨다는 거다.

그렇겠다. 포클레인으로 고층을 부수어 내릴 수는 없다. 당연히 그런 공법을 써야할 거다. 그런데 그 말을 듣는 내 몸이 불편했다. 살던 집을 무너뜨린다는 것, 그걸 먼지 하나 없이 폭삭 폭파한다는 말에서 오싹함 같은 걸 느꼈다. 여기에 몸 담아 살던 사람들만이 아니다. 이 아파트에 대한 이 동네 사람들의 머릿속 기억과 추억까지 지워버린다는 말로 들렸기 때문이다. 이제 얼마 후면 이 아파트에 대한 애증마저 기억의 저 편으로 사라진다.

빈 아파트와 마주 서 본다. 거대한 허깨비와 마주 하는 느낌이다. 그것이 허깨비인 것은 내부가 비어있고, 거기 살던 이들의 영혼이 모두 사라졌기 때문이다. 이제 남은 거라곤 아무 의미도 없는 시멘트 덩어리와 버리고 간 낡은 세간, 벽지 위에 남은 벽시계 자국 같은 가버린 시간의 흔적들뿐이다.

집이란 영화 속 남자가 가두어둔 여인과 뭐가 다를까. 이미 여인의 마음엔 남자에 대한 사랑도 애정도 증오도 다 떠나고 없다. 남은 거라곤 여인의 빈 쭉정이 같은 버림받은 몸 뿐.

소유욕이 강한, 도시를 사는 사람들의 집이란 참 쓸쓸하다. 지치지 않고 욕망을 쫓는 도시에는 오래된 사랑도 향수도 추억도 없다. 허물고 다시 세우는 일, 그것이 욕망의 도시가 하는 일이기 때문이다.

속 깊은 도깨비

옛날 옛적, 간 날 간 적, 그 무렵 이야기다.

도깨비가 돈 50냥을 빌리러 구두쇠 영감을 찾아갔다. 도깨비라는 걸 한눈에 알아본 구두쇠 영감은 군말 없이 그 돈을 빌려줬다. 그 후, 도깨비는 저녁마다 꾸어간 돈 50냥을 구두쇠 영감네 마루 위에 올려놓고 갔다. 하루도 아니고 매일 밤을 그렇게 50냥씩 가져다 놓았다.

하루는 사람들이 구두쇠 영감 집에 찾아와 부자 된 내력을 물었다.

"아, 그 우매한 도깨비 놈이 매일 돈을 가져다주니 부자가 안 될 수 없지!"

자랑삼아 그 이야기를 했다.

그날도 돈을 갚으러 오던 도깨비가 그 이야기를 엿들었다. 화가 난 도깨비는 복수를 별렀다. 그것도 모르고 도깨비 골려먹는 일에 재미를 붙인 구두쇠 영감이 길 건너 돌밭에 나가 도깨비 들으라고 넌지시 말했다.

"내 밭 망쳐 놓기야 쉽지. 이 귀한 돌멩이는 버리고 더러운 쇠똥을 가득 쌓아놓으면 금방 밭이 썩어버릴 테지. 머리 나쁜 도깨비가 그걸 알꼬."

다음 날 아침, 길 건너 돌밭에 나가 보니 아니나 다를까.

돌멩이는 다 없어지고 개똥 소똥이 가득 쌓여 있었다. 그 덕에 그해 구두쇠 영감네 가을걷이가 풍족했으리란 건 뻔한 일.

새삼스럽게 도깨비 이야기를 했다.

하도 웃기는 녀석이 도깨비고, 하도 바보 같은 녀석이 도깨비라 도깨비 이야기는 읽어볼수록 재밌다. 어렸을 적엔 도깨비 행적이 신기해 재미나게 읽었고, 나이 먹어서는 우리네 못난 욕심과, 허황된 꿈을 만날 수 있어 재미나게 읽는다. 우리는 어떤 사람일꼬? 그런 질문에 쉽게 답을 주는 것치고 도깨비만한 게 없다.

위의 옛날이야기 속 도깨비는 바보다. 빌린 돈 50냥을 갚고도 그걸 금방 잊어먹고 또 갚는다. 그뿐인가 밭에다 '더러운 소똥이나 쌓아놓지' 하는 말을 곧이곧대로 듣고 복수한답시고 소똥 개똥을 쌓아놓는다. 어리석고 미련하고 바보 같다.

근데 이 나이쯤에 와 생각해 보니 이 도깨비가 바보만은 아닌 듯 하다. 바보라기보다 한없는 베풂의 화신이다. 준 것은 금방 잊어버린다. 그리고 줄 것만 생각한다. 복수를 해도 사람을 해하거나 불이익을 주는 복수는 하지 않는다. 오히려 인색한 구두쇠 영감마저 베풂으로써 풍족한 수확의 기쁨을 맛보게 해준다. 보통 사람의 머리로는 가늠할 수 없는 베풂의 너그러움을 발휘한다.

도깨비는 생각이 모자란 데다 경솔하기까지 하다. 뭘 해도 허황기가 가득하여 졸속투성이다. 재주는 있으되 그가 부리는 재주는 금방 탄로나는 잔재주다. 순발력이 뛰어나나 지속적이지 못한 성미 또한 우리를 닮았다고 말하는 이들이 많다.

그런 도깨비를 이 글 한 편으로 뒤집자는 게 아니다. 그렇기는 하지만 속 깊은 구석도 있다는 걸 말하고 싶은 거다. 이를테면 키가 구 척인 도깨비가 동네 사내들과 씨름하면 판판이 진다. 정말 힘이 부쳐서 지는 걸까. 지는 게 아니고 져줌으로써 이기는 기쁨을 맛보게 하려는 속 깊은 배려심을 발휘하는 건 아닐까. 내가 보기엔 자신을 어리석고 바보스럽게 만들어 상대에게 한 순간이나마 우월감을 맛보게 해주는 존재가 도깨비인 듯 하다.

도깨비는 요즘처럼 제 뜻을 펼 수 없는 갑갑하고 허기진 시대와 공간 속에서 종종 나타났다. 그렇게 나타나 우리의 구차한 일상을 한순간 달래주고 달아난다. 비록 구두쇠 영감일지라도 아프게 복수하거나 미워하지 않는다. 그게 다름 아닌 우리의 마음이고, 도깨비를 만든 우리 조상의 마음이 아닐까 싶다.

'댓 굿 나이트'. 그 희미한 지평선

세월이 지날수록 지평선은 희미해진다.

인생 후반부에 들어선 사람이라면 다가오는 죽음의 시각을, 희미해지는 지평선으로 느낄지 모르겠다. 설령 그가 누구라도 죽음은 피할 수 없다. 다만 홀연히 이 세상을 뜨고 싶을 뿐이다.

귀국하는 나고야발 비행기 속에서 나는 그를 만났다. '인디아나 존스'와 봉준호 감독의 '설국열차'에 출연했던, 영국 여왕으로부터 작위를 받은 배우 존 허트.

영화 '댓 굿 나이트'에 등장한 그는 유명 시나리오 작가 랄프다. 유명 작가답게 저택에 살고 있는 구제불능의 그를 이해하는 일은 골치 아프다. 그는 자기 식대로의 온전한 자유를 누리며 살고, 유명작가 시절에 만난 젊고 아름다운 간호원 출신의 아내 애나를 곁에 두고 산다. 하지만 그에겐 그가 쓰고 있는 챙이 부서지고 낡은 모자처럼 남아있는 인생의 지평선이 희미하다.

어느 날, 랄프는 심장 장애로 앰뷸런스에 실려 병원에 간다. 거기서 살 날이 그리 많지 않다는 충격적인 이야기를 듣는다. 그는 자신에게 닥쳐온 이 불길한 죽음을 앞에 두고 하나 밖에 없는 아들, 마이클을 떠올린다. 곁에 아내

가 있지만 젊은 아내에게 머지않아 닥칠 자신의 죽음을
알린다는 게 두렵다.

랄프는 아들을 만나 자신의 죽음을 알리고 싶었고, 재산
을 넘겨주고 싶었다. 그는 도시에 나가 사는 아들을 불렀
다. 모처럼 아들과 단 둘이 자신의 앞날을 이야기하길 원
했다. 그러나 마이클은 여자 친구 캐시와 함께 왔다. 이
구제불능의 아버지는 그게 싫었다.

"뭐라고 마이클! 이 아가씨가 임신했다고? 그럼 돈을 주
마. 임신 중절 수술비. 네게 필요한 돈이라면 나는 얼마
든지 대 주어왔잖니?"

그 말에 마이클은 아버지와 만난 걸 후회한다.

"아버지는 언제나 그랬어요. 제 학비를 대어주고, 제가
필요하다면 군말 없이 돈을 주셨지만 늘 사랑이 부족했
어요."

오랜만에 만난 부자는 그렇게 싸우고 헤어졌다.

집이 빈 사이 랄프는 노후인생을 설계해주는 이의 방문
을 받고, 그로부터 지금 곧 홀연히 이 세상을 떠날 수 있
는 주사를 맞는다. 병고와 싸우기 전에 조용히 죽기를 원
했다. 풀장 옆 나무 그늘 아래에 누워 죽음을 맞지만 그
늘이 비켜가고 해가 드는 사이 죽음에서 깨어난다.

아버지가 걱정되어 다시 아버지를 찾은 마이클로부터 랄
프는 7개월 후면 손자를 안아볼 수 있다는 말을 듣는다.
손자라는 말에, 아니 할아버지가 된다는 그 말에 살아야

할 의미를 새삼 느낀다.

"7개월 후면 할아버지가 된다구요, 아빠."

아들 마이클의 말에 랄프는 혼자 중얼거린다. "아빠? 아빠라고?" 너무도 오랜만에 들어보는 '아빠'라는 말에 감동하며 랄프는 그 7개월을 기다리며 당장 죽기 바라던 희망을 거둔다. 하지만 피할 수 없는 죽음의 늪으로 빠져드는 랄프.

"저희 항공을 애용해주신 고객님들께 감사드리며…… 무사히 목적지까지 돌아가시길……."

그 무렵 나고야발 비행기는 인천공항에 착륙했고, 기내방송을 끝으로 승객들이 자리를 털고 일어났다. 아쉽지만 나도 남은 영화를 두고 일어서야 했다.

'That good night'는 어떤 모습의 행복한 밤일까. 인터넷을 열었지만 그 어디에도 리뷰는 없다. 다만 안타까운 소식 하나. 영화가 개봉도 되기 전에 존 허트가 암으로 사망했단다. 아, 그랬구나! 그토록 실감나던 그의 연기가 그의 개인적 아픔과 고뇌에서 나왔구나, 싶었다. 나고야 여행이 한 편의 영화 '댓 굿 나이트'에 아쉽게 묻혀가기 시작한다.

드디어 제주로 간다

드디어 제주로 간다.

이건 뭐 지구를 탈출하는 기분이다. 2박 3일 코스인데 마치 코로나19가 결코 없는 혹성으로 이민을 가는 것 같다. 내가 살던 곳이여 안녕! 함께 울고 웃던 벗들이여, 친지들이여, 후배들이여, 안녕! 강아지 난나야. 창가에 크는 부켄베리아야, 혼자 가는 내가 미안하다. 부켄베리아 꽃 그늘에 집을 둔 십자매야, 너희들 밥은 또 누가 챙겨주나.

생각이 거기에 이르자, 지구 탈출은 안 되겠다.

나는 달뜬 마음을 한번 가다듬는다.

돌아보니 해마다 1월이면 제주에 갔다. 그런데도 갈 때마다 제주는 타국 같다. 안달루시아나 마드리드, 그것도 아니면 뭄바이, 또는 룩소르의 어느 붉은 야자수 사원이 있는 나라 같다. 남국이다. 남국 중에서도 수많은 오름을 거느린 오름의 제국이 제주다.

그곳에만 가면 꿈이 이루어질 것 같다. 막혔던 생각의 둑이 터져날 것 같고, 실없는 이념이 무너질 것 같고, 아픈 머리가 말끔해질 것 같다. 거기 가거든 서귀포 큰엉길 앞에 서서 남으로 남으로 펼쳐지는 그 끝 모를 대양을 보

자. 그 대양 위로 때맞추어 쏟아지는 반짝이는 겨울 햇빛을 보자. 보자, 보자, 실컷 가슴이 터지도록 보자.

나를 맞아줄 큰엉길 구실잣밤나무야, 먼나무야, 동백아, 제주산죽아! 잘 있느냐. 그들 발치에, 세월에 순종하듯 피는 노랑 큰 머위꽃을 만나거든 그 앞에 무릎 꿇고 꽃잎이 들려주는 겨울바람 이야기를 들어보자. 보랏빛 해국은 현무암 바위틈에 어떻게 기대어 어떻게 꽃 피는지, 새 우난은 햇빛을 보듬어 안고 무얼 꿈꾸는지 보고 오자.

오름 중의 오름아, 다랑쉬오름아, 너를 보러 가마. 달처럼 둥근 다랑쉬야, 송당리야, 다랑쉬에 기대어 피는 시호꽃아, 섬잔대야, 가재쑥부쟁이야, 너희들 모두 잘 있느냐. 보름달 뜨는 월랑봉의 보름달아. 행성같이 다랑쉬오름을 맴도는 아끈다랑쉬오름아, 바람에 다친 상처는 없더냐. 사랑에 빠져 울지는 않았더냐. 거기 깃들어 사시는 천지신명께서는 안녕하시느냐.

가거든 새벽같이 일어나 어쩌면 눈 내렸을지 모를 네 든든한 어깨 위에 오를란다. 거기 올라 맑고 푸르스름한 대양으로 솟는 아침 해를 볼란다. 그걸 보거든 지난날 온갖 바라고 원하던 속엣것을 다 퍼내고 오직 빛나고 깨끗한 햇살만 가득 받아 안고 올란다.

그런 날 오후면 잠이 한숨 올 테지.

잠 한숨 자고 나면 모슬포로 가는 올레길을 천천히 걸어볼란다. 가급적 휴일을 피했으니 내가 가는 길은 외로울

만큼 한적하겠다. 이따금 늙은 제주 해송을 만나면 날은 춥지 않더냐, 맵지 않더냐, 살 만은 하더냐, 아니냐. 인사를 좀 드려야겠다. 저쯤 구름 위에 장엄히 서 있는 한라산 산신께도 외로우신지 아닌지 문안 인사를 드려야겠다.

바다 건너편 문섬이며 범섬을 바라보며 걷는 것도 좋지만 그 길 끄트머리 동백나무 숲 저쪽 안에 깃든 카페. 바다를 향하여 머물러 있는 카페에 들러 커피 한잔을 한가하게 마셔 볼란다. 커피야 어디서든 마시는 게 커피다. 번잡한 서울의 고층 카페든, 한강변의 어느 음식점에서든 마시는 게 커피지만 그게 모두 커피는 아니다.

길마다 길 맛이 다르듯 야자나무 숲 사이로 언뜻언뜻 내다보이는 대양을 바라보며 마시는 커피엔 붉은 동백꽃내가 난다. 푸른 대양이 일렁거린다. 그 집 하얀 테라스가 있는 뜰에 나와 하얀 철제의자에 다리를 꼬고 앉아 마시는 커피는 그래서 좋다.

그동안 '코로나19'가 우리를 얼마나 옥죄었는가. 제주로 여행을 떠난다는 생각만으로도 나는 마치 지구를 탈출하는 기분이다.

그때는 나도

나도 잘 나갈 때가 있었다.

그땐 일 년에 창작집을 세 권씩이나 냈다. 직장을 다니면
서 남들 못할 일을 해냈다. 다른 일을 게을리 했냐면 그
것도 아니다. 직장 일은 직장일 대로 부지런을 떨었고,
술은 술대로 남보다 더 많이 마시면서 글을 썼다.

그때 나는 퇴근을 집 아닌 인사동으로 했다. 거기 술집들
이 내 집이었다. 한자리 잡고 앉으면 글쟁이들이 여럿 모
였다. 글쟁이들이 모여드니 편집자들도 모여들었다.

술을 마시기 위해 모였으니 당연히 술은 한 차례로 끝나
는 법이 없었다. 이 집 저 집 들러 낙원동 포차에 가서야
그쳤다. 그때가 자정을 넘긴 이슥한 1시.

술에 취한 몸으로 간신히 택시 잡기에 나선다. 낙원동에
서 밀리면 광교로, 광교에서 밀리면 종로 2가, 거기서 밀
리면 삼일빌딩, 거기까지 가서야 택시를 잡는다.

집에 돌아가면 대개 새벽 2시.

새벽 2시에 자도 아침 7시면 어김없이 일어났다. 적어도
8시 20분 아침 직장 일에 대어야 했다. 일상이 늘 그랬
다. 그래도 피곤을 느껴본 적이 없었다. 글은 대개 주말
이거나 방학을 이용해 썼다. 도막잠을 자듯 짬을 노려 글

을 썼다.

원고가 출판사에 걸리면 출판할 때까지 적어도 편집자와 서너 번은 만난다. 지금은 이메일과 문자메시지가 있어 한 번쯤 그저 인사삼아 만나지만 그때는 달랐다. 모든 일은 만나 이야기하면서 고치고 바꾸어 나갔다.

그럴 때면 조금 소란한 인사동보다는 하루 일과가 끝난 직장의 내 공간이 좋았다. 서울이어도 내 직장을 찾아오는 일은 힘들다. 전철로 회현역에 내려 버스로 남대문 고가도로를 타야한다. 만리동 언덕쯤에 직장이 있었다. 어디서 출발하든 적어도 마지막엔 택시를 타거나 버스를 타야 한다. 편집자들은 백이면 백 모두 젊은 여성들이었다. 그들은 손수건으로 턱밑의 땀을 닦으며 찾아왔다.

일이 끝나면 대개 나는 그들을 위해 저녁식사를 대접했다. 내가 그들보다 나이가 많았고, 무엇보다 그 먼 데를 찾아와 준 노고가 고마웠고, 그들이 딸 같이 느껴졌기 때문이다. 저녁을 든든히 먹여 음식점을 나올 때면 나는 지갑을 꺼냈다.

"차비 해 가세요."

그러고 지갑에서 천원을 꺼내 손에 쥐어 주곤 했다.

돈이란 천 원짜리 한 장이어도 느낌이 다른 모양이다. 한사코 손을 내젓는다.

"너무 적어서요? 더 드릴까요?"

하면 내젓던 손을 거두고 낯간지러운 내 돈 천원을 마지 못해 받는다.

예전, 어머니는 집에 찾아오는 이를 빈손으로 보내시는 법이 없었다. 시골이니까 하다 못해 담장 위에 크는 호박 하나라도 뚝, 따 드렸다.

호박이 없으니 나는 천 원을 내민다.

재미있는 건 그분들이 회사로 돌아가면 꼭 그 천 원에 대한 메일을 보내온다는 것이다.

'아버지한테 용돈을 받은 기억이 있어요. 그런 탓인지 아버지를 뵙고 온 기분이었어요.'

내가 건넨 돈 천 원에서 그들은 잠시 아버지를 느끼는 모양이었다.

그때는 좀 젊어 내가 하는 행동에 스스로 제약을 가하지 않았다. 비교적 자유로웠다. 그런 까닭에 천 원을 내밀면서도 부끄러움을 몰랐고, 새벽에 귀가하면서도 미안함을 몰랐다.

상원사 영산전 석탑이 내게 말한다

가을이 한창 깊어가는 시월 중순의 토요일이다.

영동고속도로를 달리다가 '진부 1km'라는 표지판을 보는 순간 떠오르는 것이 있었다. 오대산 상원사 경내에 있는 영산전 석탑이다. 가끔 강릉을 오가지만 그때마다 '다음에!' 그러며 지나치곤 했다. 그런데 오늘은 파란 가을 하늘 때문일까. 나도 모르게 진부 톨게이트를 향해 핸들을 돌렸다.

오래전, 어느 해에 상원사에 들른 적이 있었다.

딸아이가 초등학교에 다니던 시절이었다. 그때 딸아이와 아내와 나, 그렇게 셋이 찾았다. 참나무 숲의 새순이 파랗게 필 때였다. 얼음장에서 풀려나온 계곡물은 듣기만 해도 차고 시렸고, 새소리는 맑고 또렷했다.

우리 셋이 찾아 들어간 상원사는 고즈넉했다. 봄빛이 도는 산 기운과 절간의 고적함을 찍는답시고 나는 추녀의 풍경이며 동종이며 절 뒷마당에 뜬 낮달을 휴대폰 카메라로 찍었다.

본당인 문수전을 나와 우측 위쪽에 있는 영산전 마당에 올랐다.

영산전 뜰 마당은 여느 곳과 달리 아늑하고 따스했다. 봄

햇살이 바쁘게 쏟아지고 있었다. 거기 서서 남녘으로 흘러가는 건너편 황병산 능선을 바라보고 있을 때다.

"아빠, 이 탑 좀 봐봐."

딸아이가 영산전 마당에 서 있는 탑 앞에 쪼그려 앉아 나를 불렀다.

"여기 구름을 타고 놀러나온 가족이 있어."

다가간 나와 아내에게 딸아이가 손가락으로 탑신을 가리켰다. 우리는 그 앞에 모두 쪼그려 앉았다. 탑신에 사이 좋은 세 식구 한 가족이 있다. 오랜 비바람에 닳은 불존 세 분이다. 딸아이 말대로 식구 같다. 따뜻한 봄날, 살찐 봄볕을 쬐러 나오신 모양이다. 보드라운 살결에, 작고 동그란 어깨에, 통통한 입술로 오순도순 이야기를 나누는 듯한, 아니면 봄볕 자리를 서로 양보하고 계신 듯한 모습이다.

가만히 보려니 거기만이 아니었다. 사면에, 또는 오 층인 듯 쌓아 올린 탑신마다 삼존 또는 사존의 부처님들이 새겨져 있다.

그러나 서너 걸음 물러서서 석탑을 바라본 나는 실망했다.

"이걸 탑이라고 해야 하나!"

그런 말이 저절로 나왔다.

방금 내가 본 탑은 집을 짓다 남은 막돌을 아무렇게나 쌓아둔 모양이었다. 아니면 누군가 나중에 보자는 심정으

로 되나마나 쌓아 올려놓은 미완의 탑 같기도 했다. 미술
쯤이나 알고 미학 서적 한 줄쯤이라도 읽은 이라면 이걸
탑이라 부르지 못할 것 같다. 그만큼 내 앞에 서 있는 석
탑은 그 어떤 구도나, 격식이나 미학을 떨쳐버린 벌거숭
이 탑이었다.

근데 먼 산등성이를 바라보다가, 숲을 울리는 새소리 한
소절을 듣다가 다시 보면 그게 아니었다. 이 벌거숭이 탑
이 그 어느 형식미를 갖춘 탑보다 사람의 마음을 솔깃하
게 끌었다. 볼수록 마음이 봄볕처럼 따스해졌다.

이걸 탑이라고 해야 하나! 하던 마음이 금세 이것이 탑이
구나! 하는 마음으로 바뀌었다. 그러면서 그동안에 내가
알던 탑에 대한 개념이 내 안에서 좌르르 무너져 내리는
소리가 들렸다. 상원사 영산전 석탑엔 그런 힘이 있었다.
석탑은 날 보고 '좀 안다는 껍데기에 매달리지 말라'는
것 같았다.

나는 그때를 생각하며 이우는 가을빛을 따라 상원사에
올랐다. 그리고 자연히 문수전보다 먼저 영산전으로 향
하는 내 발길을 보았다.

영산전은 화마를 피한 오대산 내에서 가장 오래된 전각
이라 한다. 석가삼존불과 16나한상이 봉안된 맞배지붕
건축물이다. 그 앞에 서 있는, 고려시대에 만들어졌을 것
으로 추정되는, 이 이름 없는 석탑은 여러 차례 무너지고
일어서고를 반복했다.

어디에도 탑에 대한 언급이 없는, 그야말로 형체도, 층수도, 번지도 알 수 없는 미아와 같은 탑이다. 하지만 깨어지고 금이 간 탑신에 새겨진 불상, 용, 구름, 연꽃무늬만은 정교하다. 바라볼수록 친숙한, 개울가에 나온 동네 소녀들처럼 예쁘거나 귀엽거나 착하다.

여기 영산전에 들어설 때가 오전 11시 무렵. 석탑의 단출한 그림자가 영산전을 향해 길게 누우며 내게 속삭인다. 세상이 지어놓은 관념과 형식을 훌훌 벗어보라고, 시간에 갇혀 사느라 힘들었다면 그 시간조차 무너뜨려 보라고, 자꾸 내게 자유로워지라고 한다. 자꾸 내게 홀가분해지라고 한다. 황병산 너머의 푸른 하늘처럼 경계를 벗어나 보라고 한다.

별을 가지려는 욕심을 버려야

산골마을 두노와 두이는 아빠를 따라 살던 곳을 떠나 도시로 이사를 가야합니다. 둘은 정들었던 산골마을을 잊지 않기 위해 개울물에서 노는 모래무지 두 마리를 주전자에 담아 갑니다. 며칠 동안 정성들여 보살펴 주지만 좁은 주전자 속은 그들이 살 곳이 아닙니다. 결국 아빠를 설득해 고향 산골마을로 다시 돌아가 개울물에 모래무지를 놓아줍니다.

"형, 모래무지한테 인사해."

두이는 형 두노에게 작별 인사를 부탁합니다.

두노는 물 위에 '녕안'을 손가락으로 씁니다. 물속에서 모래무지가 읽기 좋게 거꾸로.

졸저인 동화집 〈형, 모래무지한테 인사해〉의 줄거리입니다.

이 동화를 쓴 지도 벌써 오래 됐습니다.

학교를 마치면 늘 개울가에 나가 물놀이를 하고, 다슬기를 잡고, 물속 개울돌들이 들려주는 개울물 노래를 듣고, 개울을 따라 피는 꽃 냄새를 맡으며 살던 두노와 두이에게 고향을 떠나는 일은 정말 힘든 일이지요.

둘은 고향을 잊지 않기 위해 뭔가를 가져가고 싶었지요.

그들이 선택한 것은 조약돌도, 솔방울도 아닌 하필이면 징검돌 아래서 노는 모래무지입니다. 어린 그들은 모래무지가 산골 햇빛처럼 사람이 가질 수 없는 것이라는 걸 몰랐던 거지요.

그 동화집을 내고 10여 년도 더 된 어제 오후입니다.

우연히 집에서 가까운 한우리정보문화센터를 방문했습니다. 도서관 같은 휴식할 수 있는 너른 공간에 그림책들이 많이 꽂혀 있었습니다. 나는 거기서 재미난 책을 발견했지요. 파블로 네루다의 '안녕, 나의 별'이라는 그림책입니다.

파블로 네루다는 모두 다 잘 아는 노벨문학상을 받은 칠레가 자랑하는 작가지요. 그분이 그림동화를 만들기 위해 직접 쓴 것인지 아닌지는 모르지만 이런 내용입니다.

밤하늘에 별 하나가 반짝입니다. 나는 빌딩 창문 밖으로 손을 뻗어 몰래 그 별을 훔쳐 주머니에 넣고 돌아옵니다. 그런데 이상한 일입니다. 밤하늘은 어두워지고, 주머니 속 별은 떨고 있었지요. 나는 별을 침대 밑에 감춥니다. 하지만 별빛은 지붕 위로 새어나가고 사람들은 나를 의심합니다. 오랜 생각 끝에 나는 별을 손수건에 감싸들고 집에서 멀리 떨어진 강물에 조용히 놓아주고 돌아옵니다.

제 글이 생활에 가까운 글이라면 네루다의 글은 환상성을 가진 글입니다. 두 글에 등장하는 중심 소재는 '모래무지'와 '별'입니다. 이들은 누구나 가지고 싶어 하지만 그 누구도 가져서는 안 되는, 모래무지는 목숨을 가진 생명이고, 별은 너무 먼 데 있는 천체입니다. 그러니까 소유할 수 없는 존재들입니다. 가지고 싶지만 나의 것이 아닙니다. 그것은 가지고 싶다고 꽃을 꺾는 순간 꽃이 생명을 잃는 것처럼 모래무지도 별도 누군가가 몰래 소유하는 순간 생명을 잃고 깜깜해집니다.

듣지 못할 뿐 모래무지와 별은 자신이 살던 곳으로 가게 해 달라고 수없이 애원했겠지요. 그러나 다행히 사람이란 선해서 마음의 눈이 열리면 그들을 그들이 살던 곳에 선뜻 놓아줄 줄 알지요.

책상 서랍을 열어봅니다.

서랍 속엔 한 번도 잉크를 넣어보지 않은, 오랫동안 내게 붙잡혀 있는 만년필이 있고, 한 번도 휘발유를 넣고 켜본 적 없는 지포 라이터가 있고, 호드기를 닮은 대나무 악기가 있습니다. 내게로 왔지만 서랍 속에서 일없이 잠자고 있는 것들입니다. 셀 수 없이 이 서랍을 여닫았을 텐데 이들의 하소연을 나는 듣지 못했던 거지요. 늦었지만 이들 모두 그 쓰임이 있는 곳으로 돌려보내야겠어요.

올해는 내가 가질 수 없는 별에 대한 욕심을 버려야겠습니다. 내가 가질 수 있는 것과 가질 수 없는 것을 깨쳐 알고, 내 삶이 욕심으로부터 벗어나 소박해지기를 바랍니다.

고속도로 휴게소를 지나치며

고향에 혼사가 있어 토요일 아침 일찍 강릉길에 나섰다. 대학 친구가 애지중지 아끼던 아들을 장가보내는 날이다. 혼사는 점심시간에 알맞은 오후 1시에 있었다.

"내일이 일요일이니 서울엔 내일 올라가고 오늘은 우리 집에 가 술 한 잔 하자."

혼사를 마친 친구가 내 손을 잡았다.

"얼른 올라가야지. 지금 가면 고속도로도 안 막힐 때야."

나는 고속도로 핑계를 대며 손을 뺐다. 고향에 갈 때마다 수없이 고속도로 핑계를 대며 서울로 돌아왔다. 주말이면 고속도로 정체가 심각하긴 하다. 괴롭다 못해 짜증난다. 그건 분명하다. 그러나 다음 날이 여유가 있는 일요일인데도 나는 늘 고속도로 타령이다.

점심을 먹고나자, 뜻한 대로 서울로 올라오는 길에 다시 들어섰다. 대관령을 넘으며 못 이기는 척 하루 머물렀다 내일 올 걸 하는 생각을 했다.

내려갈 때마다 혼자 하는 말이 있다. '강릉 가면 좀 쉬었다 와야지' 하는 말이다.

소나무 숲도 좀 거닐고, 고향 친구들과 사는 이야기도 좀 하고, 술도 편안히 앉아 한잔 하고 올 생각을 한다. 그러고도 내려가면 늘 허겁지겁 되돌아선다. 고향 바다조차 못 들여다 보고 그냥 온다. 청록빛에 가까운 강릉의 봄바다. 지척에 그 바다를 두고 그냥 돌아오는 내가 때론 한심스럽기까지 하다.

급기야 횡성휴게소 표지판이 나타났다. 쉬고 싶다. 커피도 한잔 마시고, 또 인사도 제대로 못 드리고 온 형수님한테 전화도 좀 드려야지 싶었다. 기다리고 있는 아내한테도 전화를 좀 해봐야겠고. 그런 생각을 하며 가는 내 눈에 횡성휴게소 진입로가 나왔다.

'잘 달리고 있는데 다음 휴게소까지 가 볼까.'

속도가 한창 붙은 차를 멈추고 싶지 않았다. 질주의 유혹을 뿌리치지 못하고 그냥 휴게소를 지나쳤다. 사막을 여행할 때는 오아시스마다 쉬어가는 게 좋다는 말이 있다. 아침에 서울에서 떠나와 예식만 보고 되짚어 올라가는 길이니 나의 내면 어느 구석은 지금 피로하다. 그런 의미에서도 마른 몸을 좀 적셔줄 필요가 있다.

그런데도 자동차 정체를 핑계로 지나쳐가는 데는 사실 다른 뜻이 있다. 쉬어서는 안 된다는, 시간 낭비라는 나쁜 생각. 내 몸에는 나를 혹사시키는 그 누군가가 있다. 그는 들꽃도 좀 보고, 별도 좀 보고, 논둑길도 좀 걷고 싶어하는 나의 생각에 귀 기울이지 않는다.

원주를 알리는 이정표가 보인다. 강릉에서 원주까지 한 시간 반. 막힘없이 잘 달려왔다. 원주를 지나면 중앙고속도로와 합류하게 되어 그때부터 막힌다. 그런데 원주를 지나도 길은 막히지 않는다. 액셀레이터를 밟는다. 차가 110킬로로 달린다.

나는 다음 휴게소를 벼르며 달렸다. 좀 일찍 출발해서인지 문막휴게소가 가까워 오는데도 그리 밀리지 않는다. 나처럼 횡성휴게소를 지나쳐온 사람들 때문인지 문막휴게소로 들어가는 입구에 차들이 줄지어 서 있다. 그걸 보자 내 생각이 또 바뀌었다.

"휴게소야 깨끗한 덕평휴게소가 좋지."

나는 그렇게 나를 속이며 문막휴게소를 보기좋게 지나쳤다. 내가 다시 덕평휴게소쯤에 갔을 때다. '얼른 집에 가 편하게 쉬는 게 좋잖을까.' 그 생각이 또 나를 길 위에서 벗어나지 못하게 막았다. 나는 기어이 휴게소 한 번 들르지 않고 2시간 30분만에 서울에 도착했다.

내가 하는 일이란 다 이렇다. 달리는 일에만 집착한다. 고속도로를 잠시 비키면 시골길을 산책하거나 하룻밤 쉬고 돌아오는 여유를 부려볼 수 있다. 그런데 그걸 마다한다. 나는 나의 인생을 질주하듯 아슬아슬 달려왔다. 그래서 삶의 깊은 맛을 아직 잘 모른다.

인생

인생 여행 중입니다.

인생이 이토록 힘들고 긴 여행인 줄은 젊었을 땐 몰랐습니다. 그저 단순히 산을 오르거나 사막을 건너는 일쯤으로 알았습니다. 인생이 뭔지도 모르면서 인생서를 옆구리에 끼고 다니며 인생을 마치 고상한 패션쯤으로 생각했던 거지요.

그 어쭙잖은 인생에 대한 열풍이 한참 지나간 뒤입니다.

인생은 낭만적인 것도 고상한 것도 아님을 알았습니다. 더구나 한번 선택한 그 길은 나를 살리기도 하고, 나를 패망케 한다는 것도 알았지요.

그 무렵, 나는 사랑이라는 것을 알았습니다. 잃어버린 나의 반쪽에 대한 그리움입니다. 나는 이 여행을 함께할 사랑을 찾았습니다. 그러나 다들 나의 인생 여행에 대한 제안에 관심을 보이지 않았습니다. 나의 항해 능력을 크게 믿지 않는 눈치였지요. 나에겐 목표를 향해 나아가는 추진력은 있으나 여행에 필요한 꼼꼼한 계획과 비용과 장비를 관리하는 현실적 능력이 부족했습니다.

어느 해 내 반쪽의 동반자를 찾았습니다. 지금의 아내입니다. 나는 무려 7년 동안 아내를 설득했습니다. 그 결과 아내는 길고 긴 고민의 밤을 건넌 어느 아침, 동행할 뜻을 내비쳤지요.

이 여행에는 후원자가 있었습니다. 변함없이 지켜주신 부모님이지요. 그분들은 자신이 가진 것의 가장 소중한 부분을 우리를 위해 떼어내어 주셨습니다. 우리는 그것으로 출항할 배를 구했고, 장비와 식량과 물과 시련이 닥칠 때마다 읽을 책과 항로를 잃을 때를 대비하여 나침반을 준비했고, 우리의 운명에 관한 정보도 조사했습니다.

드디어 우리의 출항은 시작되었습니다.

'행복한 가정을 꾸리기 위하여'라는 좀은 진부한 꿈을 가지고 떠났지요. 그해가 1982년 11월. 겨울을 코앞에 두고 목적지를 향해 닻을 올렸습니다. 많은 준비를 했어도 우리는 인생에 대한 깊은 이해보다 미지의 세계에 대한 열정에 사로잡혀 있었습니다.

우리는 가혹한 세계를 모르는 나비 같았지요. 우정과 사랑과 신의와 높은 꿈과 아름다운 사상과 자유와 열정을 가득 싣고 떠났습니다. 우리의 인생 여행은 매우 신비롭고, 아름답고 황홀했습니다. 항해 도중에 딸아이를 출산했고, 먹고, 입고, 집 짓고 살기 위해 적금을 들고 깨고를 반복했지요.

때로는 예기치 못한 항로 앞에서 서로 부딪혔지요. 우리 인생 여정의 8할은 먹고, 입고, 살고, 다투고, 화해하는 일이었습니다. 우리의 항로는 하나가 아니었습니다. 그 안에는 빛깔이 다른 아내와 나의 항로가 따로 존재하고 있었습니다. 이 두 개의 항로가 서로 부딪힐 때마다 우리는 잠시 또는 오랫동안 언쟁으로 비틀거렸지요.

처음부터 알아야 할 일을 너무 늦게 알았던 거지요.

지나놓고 보면 그게 인생인 것 같습니다. 인생을 미리 다 알고 순풍에 돛단 듯 항해했다면 우리의 여행은 너무 무미하거나 싱거웠겠지요.

잠깐! 주머니에서 툭 떨어지는 그 무엇이 있군요. 출항하기 전에 적어두었던 우리들의 '꿈'이네요. 형체를 알아볼 수 없을 만큼 일그러지고 구겨져 있네요.

인생 여행의 오후가 저쯤 보이네요.

거기에도 바람은 있을 테고, 추위와 눈보라와 아직 한번도 겪어보지 못한 아픔과 시련의 밤이 깃들어 있을 테지요. 그러나 두렵지는 않습니다. 여행이란 본디 그런 게 아닌가요.

－권형, 여기까지 오느라고 수고 많았수다!

그 말을 내게 해주고 싶습니다.

민낯을 사랑하는 일

———

2025년 10월 24일 초판1쇄 발행

지은이 권영상 **그린이** 백향란 **펴낸이** 김성민 **편집디자인** 김경자

펴낸곳 도서출판 브로콜리숲 **출판등록** 제2020-000004호
주소 41743 대구광역시 서구 북비산로 65길 36, 2층 **전화** 010-2505-6996 **팩스** 053-581-6997
홈페이지 www.broccoliwood.com **인스타그램** broccoliwood_ **전자우편** gwangin@hanmail.net

ⓒ권영상 백향란 2025   ISBN 979-11-94632-17-7   03810